U0692860

胡怀琛 - 著

徐卫东 - 编

中国诗人的生活

彩图珍藏版

中华书局

图书在版编目（CIP）数据

中国诗人的生活:彩图珍藏版/胡怀琛著;徐卫东编. —北京:
中华书局,2020.9
ISBN 978-7-101-14659-2

Ⅰ.中⋯　Ⅱ.①胡⋯②徐⋯　Ⅲ.诗人-生平事迹-中国-古代
Ⅳ.K825.6

中国版本图书馆 CIP 数据核字（2020）第 130014 号

书　　　名	中国诗人的生活（彩图珍藏版）
著　　　者	胡怀琛
编　　　者	徐卫东
责任编辑	徐卫东
出版发行	中华书局
	（北京市丰台区太平桥西里 38 号　100073）
	http://www.zhbc.com.cn
	E-mail:zhbc@zhbc.com.cn
印　　　刷	北京市白帆印务有限公司
版　　　次	2020 年 9 月北京第 1 版
	2020 年 9 月北京第 1 次印刷
规　　　格	开本/880×1230 毫米　1/32
	印张 8¼　插页 8　字数 120 千字
印　　　数	1—7000 册
国际书号	ISBN 978-7-101-14659-2
定　　　价	39.00 元

陶渊明像

明 王仲玉 / 绘

陶渊明故事图

明 陈洪绶 / 绘

李白行吟图

南宋 梁楷 / 绘

松林六逸图

明 仇英 / 绘

绘李白等六人结社于泰安徂徕山的故事。

柴门送客图

明 周臣 / 绘
取杜甫《南邻》诗意。

捉柳花图

明 仇英 / 绘
取白居易《别柳枝》诗意。

东坡玩砚图

清 苏六朋／绘

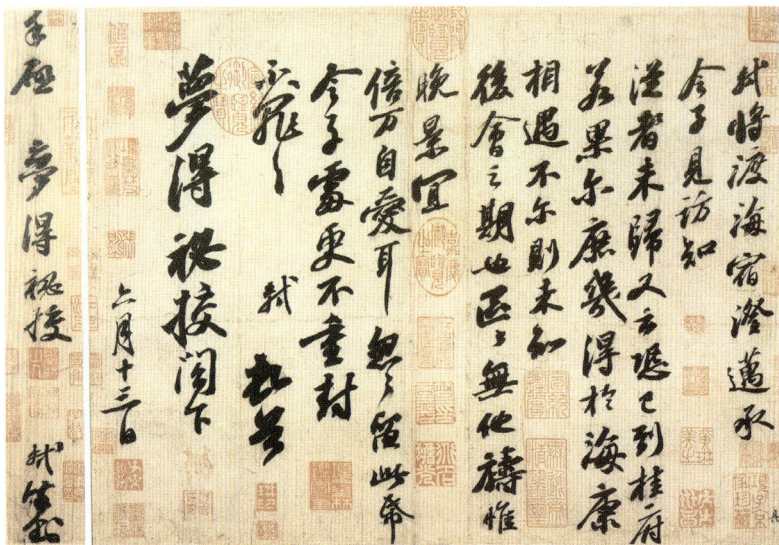

苏轼《渡海帖》

元符三年，苏轼离开儋州北上渡海前，
途经澄迈，留书友人赵梦得。

后赤壁赋图

明 杜冀龙 / 绘

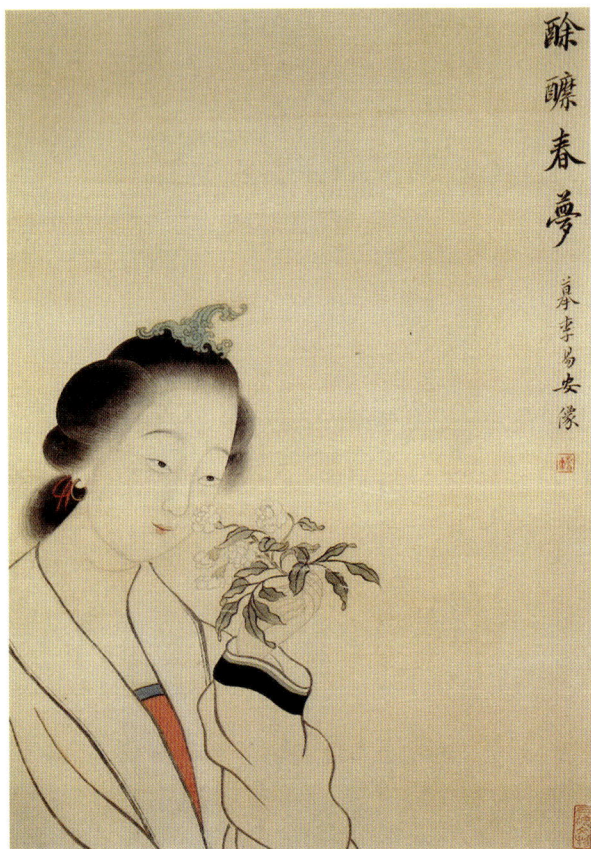

醽醾春夢

真李易安像

清人绘李清照像

放翁先生遺像

陆游像

陆游《自书诗卷》

出版说明

　　胡怀琛先生（一八八六——一九三八），字寄尘，安徽泾县人，知名学者、教育家、小说家、诗人、编辑。早年曾就读于上海南洋中学，并与其兄胡朴安先生一起加入南社，后辗转任职于出版社、报馆、学校等机构。

　　胡怀琛先生博学多识，笔耕不辍，著有《中国八大诗人》、《古书今读法》、《小诗研究》、《胡怀琛诗歌丛稿》、《白话诗文谈》、《作文概论》、《中国寓言研究》、《中国小说研究》、《中国民歌研究》、《修辞学要略》、《文学短论》、《中国先贤学说》等。一九三八年一月，他忧时染疾，病逝于寓所"波罗奢馆"。

　　在胡怀琛先生去世多年后，戈予先生曾发表《记胡怀琛》一文，说："胡怀琛氏，安徽泾县人，他瘦削的面庞，矮小的个子，随时从和蔼的举止间映出书生风度，真为青年学生爱护的人物。……胡氏的作风，属于深入浅出的平淡一路，绝无绚烂的词藻。……任何读者对于他的文字，总能一览无余，富有深高明白晓畅之感，也许有人以为太不会含蓄，岂知这正是他的特色。"在文章最后，还说道："总之，胡氏著作极富，对新文学的功绩不可湮没，在一般人健忘之际，殊有审慎回溯的价值。"

可喜的是，近些年来，有关胡怀琛先生的作品，再版甚多。此前，我们也整理出版了《中国八大诗人》、《怎样读古书》两种，都多次重印，受到欢迎。此次，我们将胡怀琛先生论述陶渊明、苏轼、陆游等诗人的作品辑为一册，呈给有兴趣的读者朋友。胡怀琛先生自幼习诗，对中国诗人与诗歌有自己独特的理解与鉴赏力。在本书中，他结合中国古代诗人的作品，以浅白易懂的文字，介绍陶渊明、苏轼与陆游等家喻户晓的诗人之生活的方方面面，让读者全方位地理解其人其诗。

需要说明的是，民国原刊限于种种因素，留有不少遗憾。此次整理，在保持作品原貌的前提下，尽量对文字（尤其是引文）做了仔细的查核、改正，其不便径改或需要补充说明的地方则出"编者按"（脚注）；另行选配了十二幅彩色插图，供读者朋友参考。

中华书局编辑部

二〇二〇年六月二日

目　录

上　篇

下　篇

上

篇

陶渊明生活

例　言

　　— 本书名《陶渊明生活》，性质略等于《陶渊明传评》。

　　— 本书中所引的陶渊明的文学作品，皆根据汲古阁刻苏写本，和他本的文字有异同处，恕未注出。我以为无关紧要的文字异同和文学的本身没有大关系，所以一概不注，以免繁琐。

　　— 然有他人作品而混入《陶集》中的，仍一一为之辨明。

　　— 本书对于渊明的考察，完全立在客观的地位去看他，绝力拿下了自己的眼镜，希望能看出渊明的真面目。

　　— 这本书很简略，但极便于初学者的阅读。读者先读完了这本书之后，再去读他的全集，或是再作进一步的研究，那就可以事半功倍了。

　　— 关于《陶集》的版本，及研究陶渊明所须用的书，我另外开了篇目录，放在后面，作为本书的附录，以便读者的参考。

— 我想把中国有名的诗人，每人都写一册"生活"。现在已经写成的，除了《陶渊明生活》而外，有《东坡生活》、《放翁生活》，方预备写而没有成的，有《太白生活》、《少陵生活》、《白香山生活》；将来说不定再写《王孟韦柳生活》、《孟东野李长吉生活》，那是两个人或四个人合为一册了。

　　— 本书有不妥的地方，当然要请读者指教。

第一章　绪论

　　我们凡是喜欢读诗的，没一个不知道陶渊明；凡是喜欢饮酒的，也没一个不知道陶渊明；凡是爱菊花的，也没一个不知道陶渊明；凡是读过《归去来兮辞》或《桃花源记》或《五柳先生传》的人，也没一个不知道陶渊明；这可见陶渊明在一般人脑筋中的印象是怎样的深了。

　　人家都知道陶渊明丢了他彭泽县县长老爷不做，实行到民间去，实现他的劳农生活，后来穷到没饭吃，甚至于做沿门乞食的文丐。

　　究竟这不是渊明的全部生活。

　　人家都知道他的理想社会，就是他桃花源里的世界，"不知有汉，无论魏、晋"。

　　究竟这不是渊明的全部思想。

　　人家都能读他"采菊东篱下，悠然见南山"，"种豆南山下，草盛豆苗稀"的名句，以为他是一个"与自然同化的诗人"。

究竟这几句诗不是渊明全部的文学作品。

我们要知道陶渊明全部的生活，要了解他全部的思想，要赏鉴他的全部分的好的作品：将往《晋书》、《南史》本传中去找么？将往《陶靖节先生年谱》里去找么？将往《陶渊明全集》里去找么？将往《江西通志》、《九江府志》等书里去找么？这当然可以找得到，但是未免太麻烦了。

我现在写这本书，就是想替诸君解决这个麻烦问题。参考许多种关于陶渊明的书，把他的全部生活，全部思想，全部代表的作品，用有条理的文学写出来；给诸君读了，可得到一个大概情形，能彀比较深切的认识陶渊明。

惠子云："子非鱼，安知鱼之乐？"然则我非陶渊明，安知陶渊明？我这本书不也是瞎说么？其实不然。倘如机械式的说知与不知，那么，除了渊明自己，就是著《晋书》的房乔，编《陶集》的昭明太子也是不知。倘然不是机械式的说，无论何人，只要诚心景仰他，留心研究他，都可以在千载之下，与他默会。那么，"你非我，又安能说我不知陶渊明"？

总之，这本书是我把我所认识的陶渊明写出来，至于认识的程度有多深浅，那到也很难说。大约比仅仅从《古文观止》中，读过一篇《桃花源记》的人总要深一点罢！

倘然多读过一些渊明的作品，及关于研究渊明的书的人，觉得我所认识的程度还浅，那么，他们就不必读这本书。我预先声明，请他们不要见笑！

第二章　渊明的家庭生活

　　陶潜，字渊明，一字元亮。又有人说：名渊明，字元亮。晋、宋时浔阳柴桑人。浔阳是当时候的郡名，柴桑当时候的县名，在今江西九江县西南。

　　渊明的故居在柴桑栗里村，今江西星子县虎爪崖下。后来因为遭了火灾，复迁居南村，今星子县西七里。栗里有渊明醉卧时的大石，又有栖隐寺，为五柳先生的故宅。这都是渊明的遗迹，可以供我们凭吊景慕的。

　　渊明的故居，在著名的庐山和彭蠡湖之间，云峦烟水，浩渺萦带，如此湖山，真不愧是我们大诗人的故乡。

　　他的家庭，在那时候，是所谓"故家"。他的曾祖父，叫陶侃，字士行，为晋朝的大司马，封"长沙郡公"。不但是晋朝的名臣，且是中国历史上的名人。他有一个运甓的故事，值得我们说一说。这故事大略如下：

　　　　陶侃，平居无事时，辄运百甓于斋外，暮复运入斋内。人问其故。答曰："吾方致力中原，恐不堪事！"

他这样的勤勉，宜乎为史传所称赞，为后人所景仰。

渊明的祖父，名茂，为武昌太守。父名未详，母姓孟氏，是征西大将军长史孟嘉的第四女。孟嘉也有一件著名的逸事，流传于后世，常为文人所引用。

孟嘉为桓温参军，九日游龙山，属僚毕集，风吹嘉帽落，嘉不之觉。温敕左右勿言，以观其举止。嘉良久如厕，温取还之，命孙盛作文嘲之，嘉还答。

这一件很平常的事，但是能充份的表现出孟嘉不修边幅的神气。孟嘉的生平，渊明有《孟府君传》，说得很详。中间有几句说：

行不苟合，言不夸矜，未尝有喜愠之容。好酣饮，逾多不乱。至于任怀得意，融然远寄，傍若无人。温尝问君："酒有何好，而卿嗜之？"君笑而答曰："明公但不得酒中趣尔。"又问："听妓，丝不如竹，竹不如肉？"答曰："渐近自然。"

这几句描写孟嘉品格的话，和这两个孟嘉的逸事，也很可以看得出孟嘉的胸怀旷达，志趣冲淡。

这样的曾祖父，和这样的外祖父，虽然不能说他们的人格能给多少影响与渊明，但也不能说毫无关系。

前面说过，渊明的父亲名字事迹不详，但是李公焕笺注《陶渊明集》上面说：

> （渊明）父娶城太守，生五子，史失载。

如照李氏所说，渊明父为娶城太守，而且渊明还有兄弟。然李氏的话毫无根据。《渊明集》中的诗文，也没有说起他有兄弟，娶城是甚么地方，也无可考。李氏的话，是不足信的。

渊明父早卒，他父卒时，渊明年才十二岁，见于他的《祭程氏妹文》。文云：

> 谁无兄弟，人亦同生。嗟我与尔，特迫常情。慈姒早世，（梁启超考定"姒"字系"考"字之误。）时尚孺婴。我年二六，尔才九龄。爰从靡识，抚髫相成。

父既早卒，所以事迹不详。渊明有没有兄弟，实无可考。有妹，嫁程氏，比渊明先卒。渊明有《祭妹文》。

渊明生于晋哀帝兴宁三年（公元三六五年），卒于宋文帝元嘉四年（公元四二七年）。

渊明少年时代的家庭生活，大约是家居奉母（？）。他虽然是在少年时候，已经是胸襟旷达，超绝尘俗。他的宅边有五株柳，他就自号五柳先生，作《五柳先生传》，替自己写照。《传》道：

> 先生不知何许人也，亦不详其姓字。宅边有五柳树，因以为号焉。闲靖少言，不慕荣利。好读书，不求甚解，每有会意，便欣然忘食。性嗜酒，家贫，不能常得。亲旧知其如此，或置酒而招之，造饮辄尽，期在必醉。既醉而退，曾不吝情去留。环堵萧然，不蔽风日；短褐穿结，箪瓢屡空，晏如也。常著文章自娱，颇示己志。忘怀得失，以此自终。赞曰："黔娄有言：不戚戚于贫贱，不汲汲于富贵。极其言兹若人之俦乎？酣觞赋诗，以乐其志。无怀氏之民欤？葛天氏之民欤？"

这一篇传，已经写出他自己的人格。这文一经传出，在当时候的人读了，都以为他写得真切。就是我们读了，也能十二分了解他的志趣，而决不疑心他是个忘不了功名富贵的人。

虽然他后来曾出去做官，自从为江州祭酒起，至为彭泽令止，自二十多岁至四十岁左右，过了好多年仕宦生活；但这决不是他的本志，大约因为家贫亲老，不得不出去找点事做做，赚几个钱供给家用罢了，所以丧母以后，便不久恋仕途了。

渊明二十岁丧妻（？），继娶翟氏。昭明《传》云：

> （渊明）妻翟氏，亦能安勤苦，与其同志。

《南史》本传云：

> 妻翟氏，志趣亦同，能安苦节，夫耕于前，妻锄于后。

这可见他夫人的志趣和他一样。

渊明有五个儿子。长名俨，次名俟，三名份，四名佚，五名佟。又各有小名，叫阿舒、阿宣、阿雍、阿端、阿通。长子为前妻所生，以下皆为后妻所生。渊明有《责子诗》，又有《与子疏》。前者有不满于他儿子的话，后者有期勉他儿子的话。因此，后来有人说他的儿子是不肖。《责子诗》云：

> 白发被两鬓，肌肤不复实。虽有五男儿，总不好纸笔。阿舒已二八，懒惰故无匹。阿宣行志学，而不爱文术。雍、端年十三，不识六与七。通子垂九龄，但念梨与栗。天运苟如此，且进杯中物！

这一首诗，照表面看起来，他的五个儿子没有一个好的。不过后人又另有两种看法：一种人说：渊明的儿子未必不好，不过他期望过殷，督责过严，故这样的说，正是严父教训儿子的常态。又一种人说：渊明这首诗是戏谑诙谐的口吻，是和他儿子相戏的笑话，并不是沈下脸来骂他的儿子。

这两种说法，以后一说比较的好。一来因为他如果要沈下脸来骂儿子，就应该老老实实的骂，不应该把骂儿子的话来做成诗。既做成诗，可见他骨子里还是和儿子相戏。二来因为这样的口吻，和渊明的胸襟很相像。末二句"天运苟如此，且进杯中物"，尤可想见他老人家的旷达。三来他做这首诗时，最大的儿子阿舒，还只二八（就是十六岁），最小的儿子阿通，还只九岁，都只算是小孩子，不能把他们当成人看待。阿通九岁，只念梨与栗，乃是当然的事，毫不足责。阿舒大约是懒惰些，然也不至于像他的诗的所说的"懒惰无匹"。"匹"字是为著押韵才用的，读诗的人怎能以辞害意呢？

总之，渊明的五个儿子，只是平平常常的，没有甚么过人的地方，这是真的。一定说他们是怎样的不好，却也未必。渊明此诗，带一点诙谐口吻，是不错的。

《与子俨等疏》道：

　　告俨、俟、份、佚、佟：天地赋命，生必有死，自古圣贤，谁独能免。子夏有言曰："死生有命，富贵在天。"四友之人，亲受音旨，发斯谈者，将非穷达不可妄求，寿夭永无外请故邪？吾年过五十，少而穷苦，每以家弊，东西游走。性刚才拙，与物多忤。自量为己，必贻俗患，僶俛辞世，使汝等幼而饥寒。余尝感孺仲贤妻之言，"败絮自拥，何惭儿子！"此既一事矣。但恨邻靡二仲，室无莱妇，抱兹苦心，良独内愧。少学琴书，偶爱闲静，开卷有得，便欣然忘食。见树木交荫，时鸟变声，亦复欢然有喜。常言五六月中，北窗下卧，遇凉风暂至，自谓是羲皇上人。意浅识罕，谓斯言可保。日月遂往，机巧好疏，缅求在昔，眇然如何！疾患以来，渐就衰损，亲旧不遗，每以药石见救，自恐大分将有限也。汝等稚小，家贫，每役柴水之劳，何时可免？念之在心，若何可言！然汝等虽不同生，当思四海皆兄弟之义。鲍叔、管仲，分财无猜，归生、伍举，班荆道旧，遂能以败为成，因丧立功；他人尚尔，况同父之人哉！颍川韩元长，汉末名士，身处卿佐，八十而终。兄弟同居，至于没齿。济北范稚春，晋时操行人也，七世同财，家人无怨色。《诗》曰："高山仰止，景行行止。"虽不能尔，至心尚之。汝其慎哉！吾复何言！

这一篇，前面可以说是他老人家的自传，后面是期望儿子的话，是期望他们兄弟们要和睦，纯然儒者的口吻。我们读了，只觉得他和蔼的态度，真挚的情感，能感动我们。当然，兄弟不分家，不能算是美德，而且是一种不良的习惯，不过这是另外一个问题；我们在这里不应当批评他的见解陈腐，只觉得他的情感真挚，而态度和蔼。

从来读古文的人，只知陶渊明的《五柳先生传》、《归去来兮辞》和《桃花源记》为著名的文学作品，却还不曾知道有这篇文章。

陶渊明的家庭生活，大概如此。让我们再说他的县令生活。

第三章　渊明的县令生活

陶渊明虽然做过祭酒，做过参军，又被征为主簿而不就；但是，那些刻板的生活，都不及做彭泽令时的一段生活，值得我们的注意。

渊明因为家贫，有求禄的意思，就由他的叔叔，介绍于当局，得了一个彭泽县令之职。

他到任以后，就令把所有的公田，统种秫稻，说道："我只要拿秫稻酿酒，供给我一醉，我就心满意足了。"他只知道种秫稻酿酒，却忘记了种秔稻做饭。还是他的夫人劝他，不要只顾酒而不顾饭，只顾醉而不顾饿，他才把二顷五十亩种秫，五十亩种秔。

彭泽离家很近，他的儿子还是住在家中，不曾和老子一同到彭泽县衙门里做少爷。渊明从彭泽雇（？）了一个仆，送给他的儿子，帮儿子工作，附著一封信，道：

汝旦夕之费，自给为难，今遣此力，助汝薪水之劳。

此亦人子也，可善遇之！

这寥寥的几句话，可以看出他待仆人慈爱的心肠。

但是，做官多少困难！虽然是小小的一个县令，就是现在所谓的县长的位分，上要逢迎上司，下要剥削平民，这两付本领，缺少不得任何一种。否则就请你卷铺盖。

你看渊明是何等的人，他肯奴颜婢膝的逢迎上司么？他肯括平民的地皮么？像他这种人，硬要插足在官场中，是真所谓"误落尘网中"了。

果然，不久郡里上司差了甚么督邮到县里来，县吏对渊明说："他是郡里来的，看上司的面，应该要束带见他。"（束带是当时候的一种礼节，就字面说，可以说相当于现在的脱帽，就事实说，可以说相当于现在的鞠躬。）

渊明一听这话，就说道：

"我不能为五斗米来折腰向乡里小人。"

他这样的说著，就实行他的卷铺盖主义，马上把印交出来，走出衙门，回到他家里吃老米饭。而《归去来兮》一辞，就流传千古了。

《归去来兮辞》道：

归去来兮！田园将芜胡不归？既自以心为形役，奚惆怅而独悲？悟已往之不谏，知来者之可追。实迷途其未远，觉今是而昨非。舟遥遥以轻飏，风飘飘而吹衣。问征夫以前路，恨晨光之熹微。乃瞻衡宇，载欣载奔。僮仆欢迎，稚子候门。三径就荒，松菊犹存。携幼入室，有酒盈樽。引壶觞以自酌，眄庭柯以怡颜。倚南窗以寄傲，审容膝之易安。园日涉以成趣，门虽设而常关。策扶老以流憩，时矫首而遐观。云无心以出岫，鸟倦飞而知还。景翳翳以将入，抚孤松而盘桓。归去来兮！请息交以绝游。世与我而相违，复驾言兮焉求？悦亲戚之情话，乐琴书以消忧。农人告予以春，将有事于西畴。或命巾车，或棹孤舟。既窈窕以寻壑，亦崎岖而经丘。木欣欣以向荣，泉涓涓而始流。善万物之得时，感吾生之行休。已矣乎！寓形宇内复几时？曷不委心任去留？胡为乎遑遑欲何之？富贵非吾愿，帝乡不可期。怀良辰以孤往，或植杖而耘籽。登东皋以舒啸，临清流而赋诗。聊乘化以归尽，乐夫天命复奚疑！

这篇《归去来兮辞》，差不多是人人所熟读的，不必再说。不过《归去来兮辞》的前面，本来还有一篇小序，这篇序和他的生活很有关系，现在补录如下。

余家贫，耕植不足以自给。幼稚盈室，瓶无储粟，生生所资，未见其术。亲故多劝余为长吏。脱然有怀，求之靡途。会有四方之事，诸侯以惠爱为德，家叔以余贫苦，遂见用为小邑。于时风波未静，心惮远役，彭泽去家百里，公田之利，足以为酒，故便求之。及少日，眷然有归欤之情。何则？质性自然，非矫厉所得。饥冻虽切，违己交病。尝从人事，皆口腹自役。于是怅然慷慨，深愧平生之志。犹望一稔，当敛裳宵逝。寻程氏妹丧于武昌，情在骏奔，自免去职。仲秋至冬，在官八十余日。因事顺心，命篇曰"归去来兮"。乙巳岁十一月也。

那么，渊明弃官的原因，计有两说：《晋书》及《南史》本传，都说因不愿意束带见督邮而弃官；小序却又说，程氏妹丧于武昌，情在骏奔，自免去职。两说不同。当然，因妹丧而弃职的话是所谓"官话"，渊明自己不好不说这种门面语，其实何尝是实情。因不愿束带见督邮，固然是实有其事，但此事也不是弃官的真原因。看他《归去来兮辞》中的话，是久已抱著去志，并不是一时受了刺激而拚官不要的，他的不肯束带见督邮，不过是借题目做文章罢了。那上司活该倒霉，遇著他这样的属员。

于是又有人评论说：因妹丧而弃官，或是因不屑见督邮而去官，都是托词。他的弃官的真因，是眼见得晋祚将移，世道人心皆不可问，而气节学问无所用之，徒劳何益，于是就毅然决然的弃官归隐。

然我以为这种评论，真未免太迂阔了。晋祚将移，世道人心皆不可问，渊明在求官之初，难道不知么？他在官不过八十余日，难道在求官时世道人心尚有可问，八十余日以来，便变成不可问么？这似乎说不过去罢。

我以为渊明因家贫而求禄，无非是糊口之计，在他以为做一个小小县令，耗几斗米的俸禄，于国于民，皆无所损，而于自身则有所利。如果口能糊下去，他那有不干之理。只因像他的那种人品，插足官场，四面八方的人，都容不得他，逼得他无法再干，不得不走。恰好有督邮的事发生，他就借此挥手而去。而在自序又托言为著妹丧云云，或者仍免不了怕得罪上司罢。

我这种说法，自以为比较的近情理。对于渊明的高风亮节，也毫无所损。我们现在要找出他的真面目来，不愿意受某种官话的蒙蔽，至如对于渊明的高风亮节，仍旧是十二分钦佩的。"起渊明于九泉而问之，或不以余言为谬也。"

第四章　渊明的田园生活

渊明自从丢了彭泽县长大老爷不做，卷了铺盖，回到家里，过他的田园生活，亲自操作，实行劳农主义。高兴的时候，随意游玩山水，和几个田夫野老，谈谈桑麻，何等快乐自在！

他在弃官归田以后，有《归园田居》诗五首，能充份的写出他弃官后的身心愉快。诗云：

> 少无适俗韵，性本爱丘山。误落尘网中，一去三十年。羁鸟恋旧林，池鱼思故渊。开荒南野际，守拙归园田。方宅十余亩，草屋八九间。榆柳荫后檐，桃李罗堂前。暧暧远人村，依依墟里烟。狗吠深巷中，鸡鸣桑树巅。户庭无尘杂，虚室有余闲。久在樊笼里，复得反自然。
>
> 野外罕人事，穷巷寡轮鞅。白日掩荆扉，虚室绝尘想。时复墟曲中，披草共来往。相见无杂言，但道桑麻

长。桑麻日已长，我志日已广。常恐霜霰至，零落同草莽。

种豆南山下，草盛豆苗稀。侵晨理荒秽，带月荷锄归。道狭草木长，夕露沾我衣。衣沾不足惜，但使愿无违。

久去山泽游，浪莽林野娱。试携子侄辈，披榛步荒墟。徘徊丘垄间，依依昔人居。井灶有遗处，桑竹残朽株。借问采薪者，"此人皆焉如？"薪者向我言："死没无复余。""一世异朝市"，此语真不虚。人生似幻化，终当归空无。

怅恨独策还，崎岖历榛曲。涧水清且浅，遇以濯吾足。漉我新熟酒，只鸡招近局。日入室中暗，荆薪代明烛。欢来苦夕短，已复至天旭。

《归园田居》，有的本子作六首，但以作五首为是。其他一首，系江淹拟作，后来被人家混入《陶集》，现在又给人考证明白了，不是渊明的作品。今姑且附录如下，以资比较。

种苗在东皋，苗生满阡陌。虽有荷锄倦，浊酒聊自适。日莫巾柴车，路暗光已夕。归人望烟火，稚子候檐隙。问君亦何为？百年会有役。但愿桑麻成，蚕月得纺绩。素心正如此，开径望三益。

渊明归田的那年，为晋安帝义熙元年乙巳，自此即躬耕自给，不复出仕。在四年头上，戊申六月，家中遭了火灾，渊明有诗纪事云：

> 草庐寄穷巷，甘以辞华轩。正夏长风急，林室顿烧燔。一宅无遗宇，舫舟荫门前。迢迢新秋夕，亭亭月将圆。果菜始复生，惊鸟尚未还。中宵伫遥念，一盼周九天。总发抱孤念，奄出四十年。形迹凭化往，灵府长独闲。贞刚自有质，玉石乃非坚。仰想东户时，余粮宿中田。鼓腹无所思，朝起暮归眠。既已不遇兹，且遂灌我园。

遭灾的第二年，移居南村，也有诗纪事云：

> 昔欲居南村，非为卜其宅。闻多素心人，乐与数晨夕。怀此颇有年，今日从兹役。弊庐何必广，取足蔽床席。邻曲时时来，抗言谈在昔。奇文共欣赏，疑义相与析。
>
> 春秋多佳日，登高赋新诗。过门更相呼，有酒斟酌之。农务各自归，闲暇辄相思。相思则披衣，言笑无厌时。此理将不胜？无为忽去兹。衣食当须纪，力耕不吾欺。

这首诗开口就说出：移居南村，久有此志，不过不能实行，如今遇著火灾，故居付之一炬，为寻觅新居计自然以南村为最好了。

又说：他所以要移居南村，并非以为那地方好，是因为那边朋友多。这些朋友，就是指颜延年、殷景仁、庞通之等人。两三素心人，相与赏奇文，析疑义，披衣相访，言笑无厌，这确是一种极快乐的生活。

此外渊明描写他田园生活的诗，又有《庚戌岁九月中于西田获早稻》云：

> 人生归有道，衣食固其端；孰是都不营，而以求自安！开春理常业，岁功聊可观。晨出肆微勤，日入负未还。山中饶霜露，风气亦先寒。田家岂不苦？弗获辞此难。四体诚乃疲，庶无异患干。盥濯息檐下，斗酒散襟颜。遥遥沮溺心，千载乃相关。但愿长如此，躬耕非所叹。

又有《丙辰岁八月中于下潠田舍获》云：

> 贫居依稼穑，戮力东林隈。不言春作苦，常恐负所怀。司田眷有秋，寄声与我谐。饥者欢初饱，束带候鸣鸡。扬楫越平湖，泛随清壑回。郁郁荒山里，猿声闲且哀。悲风爱静夜，林鸟喜晨开。日余作此来，三四星火

颓。姿年逝已老，其事未云乖。遥谢荷蓧翁，聊得从君栖。

本来田园生活，是两方面的：一方面散漫无拘，是快乐的生活；另一方面辛勤操作，又是劳苦的生活。一般的人说田家乐，是只见其乐，未见其苦。又一方面的人说田家苦，乃只见其苦，而未见其乐。渊明负气弃官，刚从城市跑到田园，自然觉得田园生活非常的愉快，所以《归园田居》五首诗中，充满了愉快的情感。如云："久在樊笼里，复得反自然。"如云："桑麻日已长，我志日已广。"如云："衣沾不足惜，但使愿无违。"句句都是说田家乐的话，没有一句说到田家苦。

但是获稻两诗就不然了。大约他种了几年田，饱尝了耕作的劳苦，才发现田园生活，不是绝端的快乐生活，他这个意思，也就自然而然的流露于字里行间了。如云："晨出肆微勤，日入负未还。山中饶霜露，风气亦先寒。田家岂不苦？弗获辞此难。"如云："贫居依稼穑，戮力东林隈。不言春作苦，常恐负所怀。"他已觉到田家的劳苦，不过是无法免避。他已觉到春作的劳苦，而勉强不言，不过是恐负所怀，这种口吻，和他初归田时大不同了。

但这也是自然的事，不必为渊明病。再看他《有会而作》一诗的小序云：

旧谷既没，新谷未登，颇为老农，而值年灾，日月尚悠，为患未已。登岁之功，既不可希，朝夕所资，烟火裁通。旬日已来，始念饥乏。岁云夕矣！慨然永怀。今我不述，后生何闻哉？

我们只要读了这篇序，不必再读他的诗（诗也是此意），已可见他老人家的田园生活，已到了忍饥挨饿的日子，而他也"兴趣颓唐，无复当年豪气矣"。

第五章　渊明的闲适生活

陶渊明的品格和环境，既如上文所述，那么，我们试想以这样的人，处在这样的环境中，他是抱乐观呢？抱悲观呢？乐天安命呢？愤世嫉俗呢？说他乐观也不是，说他悲观也不是。原来他的全部生活，是被闲适、悲愤和旷达所占据。虽然是矛盾的观念，却又是同时存在。现在且把他依次说来。

他的天性是喜欢萧闲懒散的，况在归田以后，更是自由自在，除了被饥寒所逼迫，不得已要往田里去工作而外，无非是过得萧闲懒散的日子。高卧北窗，自己忘记了自己为甚么时候的人，恍惚是过的羲皇以上的日子。抚著孤松，看看闲云、倦鸟，又是一天。这都是他自己描写他闲适生活的话。我们再看他《酬刘柴桑》的一首诗：

> 穷居寡人用，时忘四运周。门庭多落叶，慨然知已秋。新葵郁北牖，嘉穟卷南畴。今我不为乐，知有来岁不？命室携童弱，良日登远游。

他连四时都忘记了，看见门庭的落叶，才知道又是秋天，便想起不如趁此良辰美景，尽情行乐，能不能活到明年？那管他呢！这首诗能充分的写出他闲适的生活。

他的闲适之情，一小部分寄托在游山水，和朋友闲谈，一大部分寄托在饮酒、看菊、读小说，而酒是他所最喜的。他有《饮酒诗》二十首，小序云：

> 余闲居寡欢，兼比夜已长，偶有名酒，无夕不饮，顾影独尽，忽焉复醉。既醉之后，辄题数句自娱，纸墨遂多。辞无诠次，聊命故人书之，以为欢笑尔。

又《五柳先生传》云：

> 性嗜酒，家贫，不能常得。亲旧知其如此，或置酒而招之，造饮辄尽，期在必醉。既醉而退，曾不吝情去留。

都是他自述饮酒的生活。《饮酒》二十首，不必都是说饮酒，现在拣他说饮酒的几首抄录如下：

> 秋菊有佳色，裛露掇其英。泛此忘忧物，远我遗世情。一觞虽独进，杯尽壶自倾。日入群动息，归鸟趋林鸣。啸傲东轩下，聊复得此生。
>
> 有客常同止，取舍邈异境。一士常独醉，一夫终年

醒。醒醉还相笑，发言各不领。规规一何愚，兀傲差若颖。寄言酣中客，日没烛可炳。

故人赏我趣，挈壶相与至。班荆坐松下，数斟已复醉。父老杂乱言，觞酌失行次。不觉知有我，安知物为贵？悠悠迷所留，酒中有深味。

子云性嗜酒，家贫无由得。时赖好事人，载醪祛所惑。觞来为之尽，是谐无不塞。有时不肯言，岂不在伐国！仁者用其心，何尝失显默！

他又有《止酒》《述酒》各一首，没有特别的可注意处，这里不多录了。再说看菊花的事。

渊明爱菊，也是著名的，他诗中多说起菊花。如《九日闲居》诗序云：

余闲居，爱重九之名。秋菊盈园，而持醪靡由，空服其华，寄怀于言。

诗云：

世短意恒多，斯人乐久生。日月依辰至，举俗爱其名。露凄暄风息，气澈天象明。往燕无遗影，来雁有余声。酒能祛百虑，菊为制颓龄。如何蓬庐士，空视时运倾？尘爵耻虚罍，寒华徒自荣。敛襟独闲谣，缅焉起深情。栖迟固多娱，淹留岂无成！

《饮酒》二十之一云：

结庐在人境，而无车马喧。问君何能尔？心远地自偏。采菊东篱下，悠然见南山。山气日夕佳，飞鸟相与还。此中有真意，欲辩已忘言。

又两句云：

秋菊有佳色，裛露掇其英。

又《归去来兮辞》云：

三径就荒，松菊犹存。

他诗文中说到菊的地方很多，而"采菊东篱下，悠然见南山"，尤为有目共赏的名句。他为甚么爱菊呢？他自己虽不曾说明白，但是人家都知道，菊花的品格，傲霜耐冷，和他的人品相同，所以他喜欢菊花。

如今再说陶渊明读小说的事。原来在东晋时候，小说盛行，如古小说《山海经》、《穆天子传》，都经郭璞加过注解，流行于世。陶渊明的生活，是萧闲懒散的生活，自然是和读小说相宜。他有《读〈山海经〉》诗十三首，第一首好像是总序，以下便是述《山海经》中的事了。其第一首云：

> 孟夏草木长，绕屋树扶疏。众鸟欣有托，吾亦爱吾庐。既耕亦已种，时还读我书。穷巷隔深辙，颇回故人车。欢然酌春酒，摘我园中蔬。微雨从东来，好风与之俱。泛览《周王传》，流观《山海图》。俯仰终宇宙，不乐复何如！

诗中所谓《周王传》，就是《穆天子传》，所谓《山海图》，就是有绘图的《山海经》。可见在当时候此种小说不但是盛行，而《山海经》已有绘图的本子了。他说"俯仰终宇宙，不乐复何如！"可见他对于读小说的兴趣是何等的浓厚。

除了第一首诗好像是总序而外，以下各首，便是述《山海经》中的昆仑、元圃、灵风、神鸾、黄花、赤实、琅玕、扶木了。

第三首云：

> 迢递槐江岭，是谓玄圃丘。西南望昆墟，光气难与俦。亭亭明玕照，落落清瑶流。恨不及周穆，托乘一来游。

第四首云：

丹木生何许？乃在崧山阳。黄花复朱实，食之寿命长。白玉凝素液，瑾瑜发奇光。岂伊君子宝，见重我轩黄！

第五首云：

翩翩三青鸟，毛色奇可怜。朝为王母使，暮归三危山。我欲因此鸟，具向王母言："在世无所须，唯酒与长年！"

第七首云：

粲粲三珠树，寄生赤水阴。亭亭凌风桂，八干共成林。灵凤抚云舞，神鸾调玉音。虽非世上宝，爱得王母心。

第八首云：

自古皆有没，何人得灵长？不死复不老，万岁如平常。赤泉给我饮，员丘足我粮。方与三辰游，寿考岂渠央！

这许多奇花、异草、好鸟、珍禽、将它一一写入诗里，可见他作诗时兴致是怎样的好。他不但是喜欢读小说，他还有一篇小说创作，就是人人都当他是古文读，而不知他是小说的《桃花源记》。我们现在先看《桃花源记》的原文，然后再加以说明。

晋太元中，武陵人捕鱼为业，缘溪行，忘路之远近。忽逢桃花林，夹岸数百步，中无杂树，芳华鲜美，落英缤纷。渔人甚异之。复前行，欲穷其林，林尽水源，便得一山。山有小口，仿佛若有光。便舍船从口入。初极狭，才通人。复行数十步，豁然开朗，土地平旷，屋舍俨然，有良田、美池、桑竹之属，阡陌交通，鸡犬相闻。其中往来种作，男女衣著，悉如外人，黄发垂髫，并怡然自乐。见渔人，乃大惊。问所从来，具答之，便要还家，为设酒杀鸡作食。村中闻有此人，咸来问讯。自云："先世避秦时乱，率妻子邑人来此绝境，不复出焉，遂与外人间隔。"问："今是何世？"乃不知有汉，无论魏晋。此人一一为具言所闻，皆叹惋。余人各复延至其家，皆出酒食。停数日，辞去。此中人语云："不足为外人道也。"既出，得其船，便扶向路，处处志之。及郡下，诣太守，说如此。太守即遣人随其往，寻向所志，遂迷，不复得路。南阳刘子骥，高尚士也，闻之，欣然亲往，未果。寻病终，后遂无问津者。

这篇《桃花源记》，完全是渊明的寓言，完全是他理想中的社会。他为甚么要做这篇文章？大约总不外乎下面三个原因：

（一）他是把《老子》的"小国寡民"一章，来演成这篇文章。试看《老子》的原文云：

小国寡民，使民有什伯之器而不用，使民重死而不远徙。虽有舟舆，无所乘之。虽有甲兵，无所陈之。使人复结绳而用之。甘其食，美其服，安其居，乐其俗。邻国相望，鸡犬之声相闻，民至老死不相往来。

这种回复到太古时代的社会，当然是渊明所喜欢的，说不定他因为读了《老子》书的这一段，就把他演成一篇《桃花源记》。

（二）他是读了《山海经》一类的小说，他的想象力非常的强烈，他就凭他的想象而得到这种幻境，他就拿来做文料，而写成这篇《桃花源记》。

（三）渊明因为见了当时候政治社会的腐败，从反面想到这种好的社会，恨不得真有其地，自己便跑到那边去避世。

总之，无论如何，这篇《桃花源记》，终是寓言，不是实有其地。却是被后来的好事人所附会，说桃花源在今湖南桃源县，又说陶《记》中所说的渔父姓黄，名道真，陶《记》中所说的太守，就是刘歆。（晋朝有刘歆，和汉刘向的儿子刘歆同名。）这种说法，穿凿附会，真是可笑极了！

不错！今湖南有桃源县，但是桃源县的名字，是跟着《桃花源记》而来的。假使没有《桃花源记》，就可以没有桃源县。譬如现在上海也有武陵里、桃源坊等名称，京沪铁路线上，也有一所地方，称为桃源洞。难道桃花源有这许多地方？因为陶渊明的一篇《桃花源记》，影响于社会心理很大，后来的文人多喜欢做桃源诗，绘桃源图，因此诗中画中的桃源，就变为现实的武陵里、桃源坊了。

至于在湖南的所谓桃花源呢？有近人亲至其地的报告，据他的记录，完全和陶《记》不同。

这里一篇《记桃花源》，作者署名恨木，不知是甚么地方人，原文载于天津《益世报》，民国十六年，由林兼之君从山东高密车站将《益世报》寄给我。现在我把他的原文照录在这里，以证明所谓桃花源者，原来如此。

儿时读陶渊明《桃花源记》，心向往之。稍长，悟其为寓言，以为天下未必有此境也。然陶令而后，谈此者颇多，或言其有，或言其无，苏东坡则折衷两可，谓当有其地也，但武陵渔人所遇者非秦人，乃秦人之子孙耳。窃以为武陵终在国中，非如奇有、飞头之国，苟一旦至此，必将亲访之，以证其虚实。怀此奇思，自儿时以至成人，凡及十载，既至常德，闻距桃源县竟一日之程，大喜若狂，即约同志三人，买舟溯沅江而上，入桃源境，遥见青螺隐隐，远出树表，自东向西迤逦不绝，友皆曰："此中固可隐居，五柳先生非妄谈也。"

过桃源县，一路青山隐隐，向西远去。泊舟沅江，舟人指点，望之黝然，山头突立者，其下即桃花源也。

舍舟登陆，沿入黔驿道，步行二十里，已抵桃源山下。山势矫捷，松竹弥望皆是。拾级登山，两峰并峙，中凹而为谷。谷之后一峰环抱，形若椅背。其下一古庙，坐西面东，八卦亭也。庙东约武许，古杉丛密，茂草塞途，境极幽僻。于丰草中得山路一线，随林曲折入之，忽遇绝壁，壁下有小溪，浅水乱流，触石琮琤作响而下。同行人至此，皆愕然，以为失途，盖陶《记》所谓芳草遍地，落英缤纷之境，与此迥不相合也。

询之上人，向北指，谓洞在此。由山外入洞，确须经此。姑如所言，沿溪向北转，溪愈深，壁愈峭，跨涧有一桥，藤萝布其四周，桥下水声，若自藤萝中出，颇饶清趣。于此向南望，有小河一道，由西而东，是为白马江，水虽不深，可泛小舟。武陵渔者，故曾逍遥乎此耶？此溪之水，蜿蜿下山，合流于江，以距离计之，约及一里。陶《记》谓林尽水源，便舍舟，从口入云云，事实乃不可能，因江既远，而溪又陡险，无法驶舟也。

过桥后，石壁更高，两山松竹排云，映溪为绿色，溪水迂缓，积而为潭，潭之清寒，与林之阴暗，幽静绝尘，遥望山壁之下，有石凹而内向者，则为桃花源洞口。

沿小径前行，攀藤扶石，石至洞口。洞口高五尺许，以石为扉，双扉闭紧。近察之，门缝中苔厚及寸，是其关闭，已不知若干岁月矣。扉下乱草蓬松，渺无人迹，即探洞之客似亦久疏。望其颠，大山排列，牵连不断，陶《记》所谓别有天地，在洞内乎？抑洞穿山而过在山之彼方乎？谓在洞内，事实不可能，谓在山之彼方，则山后并无平原，如陶《记》中之桃花源者。以理揣之，此洞门当为后人穿凿附会，故意设立，否则何为双扉紧闭不令人一探其究竟耶！

探洞既毕，与友人相将登山颠，望其前岗峦起伏，田庄星罗棋布，望其后山林葱蒨，高与云齐，所谓鸡鸣犬吠之声，于此隐约闻之。沅、辰深入内地，与物质文明之地，隔绝已深，是则一望风景，即桃花源耳，奚必入洞而求之耶！友人以为奔波百里，所获不过如此，若有所失。予以为不然。吾人之来，在证桃花源之有无。今至其地，且亲证之，于愿亦足矣。

又有陈子绥君从湖南桃源县将那所谓桃花源的摄影寄给我，细看摄影，也和陶《记》不同。那半山腰里的一个洞，好像还是人工造成的。

我们有了这实地调查的报告，和实地摄影，证明今湖南桃源县的桃花源和陶《记》所说的不同。那么种种附会的话，自然不能成立了。

第六章　渊明的悲愤生活

　　渊明的生活虽然很闲适，但是他对于时事很不满意，尤其是在刘氏篡晋以后，更有无限的兴亡之感；而他的生计又不充裕，常常受饥挨饿；他的儿子又不十分好，几乎没有可以慰藉他的事，他怎样不悲愤？我们只要看他的《感士不遇赋》，就是这种悲愤的表现。《赋》道：

　　　　咨大块之受气，何斯人之独灵！禀神智以藏照，秉三五而垂名。或击壤以自欢，或大济于苍生。靡潜跃之非分，常傲然以称情。世流浪而遂徂，物群分以相形。密网裁而鱼骇，宏罗制而鸟惊。彼达人之善觉，乃逃禄而归耕。山巃巃而怀影，川汪汪而藏声。望轩唐而永叹，甘贫贱以辞荣。淳源汩以长分，美恶作以异途。原百行之攸贵，莫为善之可娱。奉上天之成命，师圣人之遗书。发忠孝于君亲，生信义于乡闾。推诚心而获显，不矫然而祈誉。嗟乎！雷同毁异，物恶其上。妙算者谓迷，直道者云

妄。坦至公而无猜，卒蒙耻以受谤。虽怀琼而握兰，徒芳
洁而谁亮！哀哉！士之不遇，已在炎帝帝魁之世。独祗修
以自勤，岂三省之或废；庶进德以及时，时既至而不惠。
无爰生之晤言，念张季之终蔽。愍冯叟于郎署，赖魏守以
纳计。虽仅然于必知，亦苦心而旷岁。审夫市之无虎，眩
三夫之献说。悼贾傅之秀朗，纡远辔于促界。悲董相之渊
致，屡乘危而幸济。感哲人之无偶，泪淋浪以洒袂。承前
王之清诲，日天道之无亲。澄得一以作鉴，恒辅善而佑
仁。夷投老以长饥，回早夭而又贫。伤请车以备椁，悲茹
薇而殒身。虽好学与行义，何死生之苦辛！疑报德之若
兹，惧斯言之虚陈。何旷世之无才，罕无路之不涩。伊古
人之慷慨，病奇名之不立。广结发以从政，不愧赏于万
邑。屈雄志于戚竖，竟尺土之莫及。留诚信于身后，动众
人之悲泣。商尽规以拯弊，言始顺而患入。奚良辰之易
倾，胡害胜其乃急。苍旻遐缅，人事无已。有感有昧，畴
测其理！宁固穷以济意，不委曲而累己。既轩冕之非荣，
岂缊袍之为耻！诚谬会以取拙，且欣然而归止。拥孤襟以
毕岁，谢良价于朝市。

这篇赋的最后几句，虽作远观，但大半是悲愤的话。此
外《杂诗》和《拟古》也是这种悲愤的表现。前人评论他道：

　　靖节退休后所作之诗，类多悼国、伤时、托讽之词，

然不欲显斥，故以"拟古"、"杂诗"等目名其题云。

我们只要读了渊明这一类的诗，就可以知道这种评论是不错的。试看他多激昂之语，苍凉悲壮之音，和他初归田园时冲淡的胸襟不同。我们看他的诗罢！

《拟古》云：

迢迢百尺楼，分明望四荒。暮作归云宅，朝为飞鸟堂。山河满目中，平原独茫茫。古时功名士，慷慨争此场。一旦百岁后，相与还北邙。松柏为人伐，高坟互低昂。颓基无遗主，游魂在何方？荣华诚足贵，亦复可怜伤！

少时壮且厉，抚剑独行游。谁言行游近？张掖至幽州。饥食首阳薇，渴饮易水流。不见相知人，惟见古时丘。路边两高坟，伯牙与庄周。此士难再得，吾行欲何求！

种桑长江边，三年望当采。枝条始欲茂，忽值山河改。柯叶自摧折，根株浮沧海。春蚕既无食，寒衣欲谁待！本不植高原，今日复何悔！

《杂诗》云：

白日沦西河，素月出东岭。遥遥万里辉，荡荡空中景。风来入房户，中夜枕席冷。气变悟时易，不眠知夕永。欲言无余和，挥杯劝孤影。日月掷人去，有志不获骋。念此怀悲凄，终晓不能静。

昔闻长者言，掩耳每不喜。奈何五十年，忽已亲此事。求我盛年欢，一毫无复意。去去转欲远，此生岂再值。倾家时作乐，竟此岁月驶。有子不留金，何用身后置！

代耕本非望，所业在田桑。躬亲未曾替，寒馁常糟糠。岂期过满腹，但愿饱粳粮。御冬足大布，粗绤以应阳。政尔不能得，哀哉亦可伤！人皆尽获宜，拙生失其方。理也可奈何！且为陶一觞！

又《咏荆轲》云：

燕丹善养士，志在报强嬴。招集百夫良，岁暮得荆卿。君子死知己，提剑出燕京。素骥鸣广陌，慷慨送我行。雄发指危冠，猛气冲长缨。饮饯易水上，四座列群英。渐离击悲筑，宋意唱高声。萧萧哀风逝，淡淡寒波生。商音更流涕，羽奏壮士惊。公知去不归，且有后世名。登车何时顾，飞盖入秦庭。凌厉越万里，逶迤过千城。图穷事自至，豪主正怔营。惜哉剑术疏，奇功遂不成。其人虽已没，千载有余情。

这首诗多少激烈。虽然是题目如此，不得不激烈，但是他喜欢做这种题目，就可以知道他先有满腔的悲愤，不吐不快，所以选这题目，来抒发他的郁结。

唉！谁说陶渊明的诗尽是和平冲淡么？

第七章　渊明的旷达生活

　　我在前面已经说过：渊明的生活，是矛盾的。这也不单是渊明一人为然，大约无论甚么人，都免不了如此。思想与事实矛盾，昨日与今日矛盾，而人的一生，就在这矛盾中过去了。

　　陶渊明的生活，既有时免不了悲愤，然悲愤又有何用，只好付之达观。渊明的胸怀本来是开展的，襟期本来是潇洒的，所以他的生活还是悲愤时少，旷达时多，例如他的《感士不遇赋》的末数句云：

　　　　宁固穷以济意，不委曲而累己。既轩冕之非荣，岂缊袍之为耻！诚谬会以取拙，且欣然而归止。拥孤襟以毕岁，谢良价于朝市。

　　悲愤之余，仍旧归于旷达。又如《责子诗》的末二句云：

　　　　天运苟如此，且进杯中物。

也是以旷达作结。

　　他的旷达生活，随处可以见得。如当他贫居的时候，江州刺史檀道济慕他的名，登门往访，见门巷萧条，困卧已经数日，就说道："贤者处世，天下无道则隐，有道则至。今子生文明之世，奈何自苦若此？"渊明却答道："潜也何敢望贤，志不及也！"道济见他无志出山，也就不说甚么。道济赠送他的米粮、肴馔，他辞谢不受。

　　他不解音律，却又爱琴。尝蓄了一张无弦琴，每逢酒后，常抚琴以寄意。自谓"但得琴中趣，何劳弦上音？"他以为琴趣自在弦外，而不必求之于弦中。倘不得琴趣，虽操著有弦琴，弹出丁丁东东的杂音，不是只觉得可厌么？

　　遇著朋友来访他时，倘使他家里有酒，就拿出来和客同喝，也忘记了谁客谁主。或是自己先喝醉了，就对客说"我醉欲眠卿且去"，他是这样的直率。

　　江州刺史王宏曾慕渊明的高名，欲相见而不得，他打听到渊明将游庐山，就和渊明的朋友庞通之约好，带了酒食，在半路上等候他。渊明有脚病，不便走路，叫他的门生，抬着篮舆，他坐在篮舆里一路看山。后来遇见庞通之，就大家坐下来喝酒。不多时，王宏来了，渊明也不避去。这可以知道他起初不见王宏，并不是矫情。

　　东晋人喜谈佛学，当时有一名僧，称为远公，在庐山东林寺创立莲社，一时名人入社的有二十三人。远公也请渊明入社，亲自写了信给他，渊明回报道："许我饮酒则诺。"他们本来是戒酒的，但是远公为著渊明，也只好破例允许他，于是渊明就入了社。但是不久又攒眉而去。大约，是觉得念阿弥陀佛麻烦罢！

这些零零碎碎的事情，都可以充分表现出他的旷达生活。

渊明的诗文中往往充满了旷达的思想，多不胜举，而以形影神赠答诗三首为最。今录如下：

《形赠影》云：

> 天地长不没，山川无改时。草木得常理，霜露荣悴之。谓人最灵智，独复不知兹。适见在世中，奄去靡归期。奚觉无一人，亲识岂相思。但余平生物，举目情凄洏。我无腾化术，必尔不复疑。愿君取吾言，得酒莫苟辞。

《影答形》云：

> 存生不可言，卫生每苦拙。诚愿游昆华，邈然兹道绝。与子相遇来，未尝异悲悦。憩荫若暂乖，止日终不别。此同既难常，黯尔俱时灭。身没名亦尽，念之五情热。立善有遗爱，胡可不自竭？酒云能销忧，方此讵不劣！

《神释》云：

　　大钧无私力，万物自森著。人为三才中，岂不以我故。与君虽异物，生而相依附。结托善恶同，安得不相与。三皇大圣人，今复在何处？彭祖爱永年，欲留不得住。老少同一死，贤愚无复数。日醉或能忘，将非促龄具？立善常所欣，谁当为汝誉？甚念伤吾生，正宜委运去。纵浪大化中，不喜亦不惧。应尽便须尽，无复独多虑。

他托为形、影赠答之言，又托为神来解释形、影的疑虑，他说：

　　纵浪大化中，不喜亦不惧。应尽便须尽，无复独多虑。

这四句是不把一切的祸福死生放在心上，坦然泰然，委心顺运，听其自然而尽。后人评论他就是释氏所谓"断常见"。我们可以想见渊明的天姿超迈、襟期夷远了。此外如《游斜川》诗云：

　　开岁倏五日，吾生行归休。念之动中怀，及辰为兹游。气和天唯澄，班坐依远流。弱湍驰文鲂，闲谷矫鸣鸥。迥泽散游目，缅然睇曾丘。虽微九重秀，顾瞻无匹俦。提壶接宾侣，引满更献酬；未知从今去，当复如此不？中肠纵遥情，忘彼千载忧。且极今朝乐，明日非所求。

《诸人共游周家墓柏下》云：

今日天气佳，清吹与鸣弹。感彼柏下人，安得不为欢。清歌散新声，绿酒开芳颜。未知明日事，余襟良以殚。

"且极今朝乐，明日非所求。""未知明日事，余襟良以殚。"也都是旷达的话。

他在临死时又尝作《自祭文》、《自挽歌》。今集中的祭文，标题为《自祭》，而挽歌则未注明为自挽，而题为"拟挽歌"。惟经后人考出，作此挽歌之日，与作《自祭文》相同，而且歌中的话，又多是自挽的口吻，可知这三首挽歌，和一篇《自祭文》，都是渊明的绝笔。又有人说：

晋桓伊善挽歌，庚晞亦喜为挽歌，每自摇大铃为唱，使左右齐和。袁山松遇出游，则好令左右作挽歌。类皆一时名流达士，习尚如此。

这又可见自挽乃是当时的风气，不独渊明一人为然。

渊明的《自祭文》，因篇幅较长，只录《挽歌》三首如下：

有生必有死，早终非命促。昨暮同为人，今旦在鬼录。魂气散何之？枯形寄空木。娇儿索父啼，良友抚我哭。得失不复知，是非安能觉！千秋万岁后，谁知荣与辱。但恨在世时，饮酒不得足。

在昔无酒饮，今但湛空觞。春醪生浮蚁，何时更能尝？肴案盈我前，亲旧哭我傍。欲语口无音，欲视眼无光。昔在高堂寝，今宿荒草乡。一朝出门去，归来良未央。

荒草何茫茫，白杨亦萧萧。严霜九月中，送我出远郊。四面无人居，高坟正嶕峣。马为仰天鸣，风为自萧条。幽室一已闭，千年不复朝。千年不复朝，贤达无奈何！向来相送人，各自还其家。亲戚或余悲，他人亦已歌。死去何所道，托体同山阿。

这三首诗是渊明的绝笔。我们写渊明的旷达生活，也从此告终了。

不过，我们读了他的诗以后，觉得我们自己的人生观，是怎样呢？这乃是我们的天姿、学力，各有不同，不能一例而言。所以我们对于渊明诗了解的程度，也跟着我们自己的天姿、学力而有不同，不可一例而论。

最后，我们再要附带说一件事。就是《渊明集》中有《乞食》诗，这首《乞食》诗，也是各人的看法不同。有的人说：是他自己描写实行讨饭的生活。又有人说，他是一种托辞，以寄托故国旧君之思，未必是写讨饭的实事。若说是他描写实行讨饭的生活，那是可怜得很，不像渊明的口吻。若说是托辞寄意，也不免是存了忠君爱国之心，把一切的话都附会到这上面去。所以这一首诗很难说，也只好让各人自己去看去罢！那《乞食》诗道：

　　饥来驱我去，不知竟何之。行行至斯里，叩门拙言辞。主人解余意，遗赠岂虚来？谈谐终日夕，觞至辄倾杯。情欣新知欢，言咏遂赋诗。感子漂母惠，愧我韩才非。衔戢知何谢，冥报以相贻。

第八章　渊明的文学生活

　　渊明的文学生活，虽不限定于作诗，但是以作诗为一大部分。他的诗在中国的诗歌界里，当然是占着很重要的位置。然而他的作诗并不是有意于作诗，不过是他的胸怀自然流露罢了。

　　渊明的诗歌所以能在中国诗歌界里占一个重要的位置，可以简单的两句话来包括，就是：自然化和平民化。

　　何谓自然化？试看汉、魏、南北朝这个时期中，自从《古诗十九首》以后，一步一步趋向于不自然。渊明生于晋末，独反抗这个潮流，自成一家，他却又不是有意要做成一个诗人，只是任其自然而已。他的名句如：

　　　　采菊东篱下，悠然见南山。

　　又如：

孟夏草木长，绕屋树扶疏。众鸟欣有托，吾亦爱吾庐。

又如：

　　微雨从东来，好风与之俱。

　　这都是随口道出，而不曾用一丝一毫气力。然而他人费尽了笔墨，用尽了心思，而写出来的诗，终比不上他这一类的名句。

　　本来有人说道："好的诗原来是天生成的，不过被妙手偶然得到。"渊明的诗可以说就是这样。而他所以能偶然得到，就是他的生活能够和"大自然"同化了。"大自然"就是他，他就是"大自然"。那么，他做的诗岂是旁人所能学得到么？

　　何谓平民化？试看他同时候的作者，那几个不是贵族？那几首不是贵族诗？

　　只有渊明弃官高隐，躬亲稼穑，他的生活是平民生活，他的诗也是平民诗。试看：

　　开荒南野际，守拙归园田。方宅十余亩，草屋八九间。
　　犬吠深巷中，鸡鸣桑树巅。
　　相见无杂言，但道桑麻长。
　　漉我新熟酒，只鸡招近局。日入室中暗，荆薪代明烛。欢来苦夕短，已复至天旭。

这种自然的生活，这种真率、朴质的生活，远胜于贵族生活的束缚、虚伪和奢侈。

这种生活，只有平民能够享受，贵族是没有份的。"方宅十余亩，草屋八九间"，远胜于禁卫森严、出入不便的重楼叠阁。"漉我新熟酒，只鸡招近局"，远胜于珍羞满席、丝竹杂陈的衣冠宴会。"日入室中暗，荆薪代明烛"，远胜于珠灯草烛、达旦通宵的无谓的应酬。

这种自然、真率、朴质的生活，只有平民能够享受。但是一般的平民，却又醉心于贵族生活，虽享其乐，而不能知其乐。也有些不能文的田父野老，虽知其乐，而不能道其乐。只有我们的陶渊明先生，能享其乐，知其乐，而且能道其乐，把这种生活充份的描写在诗歌里。不但是在当时候是少见的，就是千载之下，也有永久存在的价值。

至于渊明的诗和他的品学的关系，后来的人评论的很多。现在拣简短的抄录几则如下，以代表其他。

渊明《时运》诗云：

延目中流，悠悠清沂。童冠齐业，闲咏以归。

陶澍评云：

周、程每令人寻孔、颜乐处，前此，唯陶公知斯意耳。

钟惺评《命子》、《荣木》等篇云：

> 人知陶公高逸，读《荣木》、《劝农》、《命子》诸四言，竟是一小心翼翼、温慎忧勤之人。①

渊明诗：

> 耕织称其用，过此奚所须。

张自烈评云：

> 细观渊明一生恰会著孔、颜乐处。

一般人都知道渊明的思想是老、庄的思想。其实不然。我们从各方面看来，已可以知道。真西山说：

> 渊明之学自经术中来。

尤可知他原是一个儒者，和晋朝清谈之流不同。

至于他的文学的手腕，《杨龟山语录》说得最好。他说：

---

① 编者按：此段据北京大学中文系文学史教研室编《陶渊明资料汇编》所引校改，其后有云："东晋放达，少此一段原委，公实补之。"

渊明诗所不可及者，冲澹深粹，出于自然。若曾用力学，然后知渊明诗非著力所能成也。

刘后村说：

　　所贵于枯淡者，谓外枯而中膏。若中边皆枯，亦何足道。①

外枯中膏的话，也能道得出渊明诗的好处。

渊明的文学作品，除了四言、五言诗以外，再有辞、赋、记、传等多篇，而以《五柳先生传》、《桃花源记》、《归去来兮辞》、《与子俨等书》、《自祭文》等篇为最著名。

《陶渊明集》中有《五孝传》及《集圣贤群辅录》上下两卷，为后人所假造，不是渊明做的。又有《后搜神记》十卷，不编入集中，题为陶渊明作，也是后人假托的。

《渊明集》中的诗，有误编的，如《归园田居》之一首，"种苗在东皋"，乃江淹所作。又有《问来使》一首云：

　　尔从山中来，早晚发天目。我屋南窗下，今生几丛菊？蔷薇叶已抽，秋兰气当馥？归去来山中，山中酒应熟？

----

① 编者按：此段非刘克庄语，应为苏轼论诗语。"中膏"后有"似淡而实美，渊明、子厚之流是也"。

这首诗也是误编入的，决非渊明所作。宋洪迈《容斋随笔》说，"天目非陶公居处"。①这可说是确证。严羽《沧浪诗话》说："其体制气象与渊明不类。"严羽疑为太白逸诗，被后人误取入《陶集》。郎瑛说："是苏子美诗。"然而究竟是不是，皆不可考。

《渊明集》中又有《四时》一首云：

　　春水满四泽，夏云多奇峰。秋月扬明晖，冬岭秀孤松。

这首诗也是假的。《许彦周诗话》说："此顾长康诗。"

---

① 编者按：查洪迈《容斋随笔·五笔》卷一原文云："诸集中皆不载，惟晁文元家本有之。盖天目疑非陶居处。"

附录一　《陶集》纪略

　　陶渊明的集，最早是昭明太子替他编的。合序、目、诔、传等一共八卷。到北齐以后，不同的本子就很多。然今皆不传，不必深考。宋刻本也有好几种，然不易得。今拣较易觅得几种开列如下：

（一）翻宋元副本

汲古阁翻北宋刻苏写本（按实为绍兴刻本）

莫友芝翻宋刻小字本

《四部丛刊》翻宋李公焕注本（按实为元刻本）

（二）明清人刻本

明何孟春本

明张溥《汉魏百三名家本》

清何焯刻本

清陶澍刻本

（三）今人注本

古直《陶靖节诗笺》

丁福保《陶渊明诗笺注》

傅东华《陶渊明诗》(《学生国学丛书》本)

（四）附年谱

吴仁杰《靖节先生年谱》

王质《栗里年谱》

丁晏《陶靖节年谱》

陶澍《靖节先生年谱考异》(附《陶集》内)

梁启超《陶渊明年谱》(附《陶渊明》内)

古直《陶靖节年谱》

傅东华《陶渊明年谱》(附《陶渊明诗》内)

（五）附研究陶诗专书

梁启超《陶渊明》(《国学小丛书》本)

述学社《国学月刊》《陶渊明专号》

（六）附研究陶诗专文

陈耀廷《陶渊明诗的文学》(武昌师范大学《文史地学杂志》)

傅东华《陶渊明诗导言》(在《陶渊明诗》内)

胡怀琛《陶渊明》(《中国八大诗人》内)

附录二　唐以后宗渊明的诗人

陶渊明的诗影响于后世诗人很深。今将唐以后宗陶诸家列后，以供参考。

王维　字摩诘。他有辋川别墅，故又称王辋川。

孟浩然　襄阳人，通称为孟襄阳。

韦应物　为苏州刺史，通称韦苏州。

柳宗元　字子厚。尝为柳州刺史，通称为柳柳州。

储光羲

以上五人，为诗皆宗渊明。沈德潜说，五人各得其一偏：王得其清腴，孟得其简远，韦得其冲和，柳得其峻洁，储得其真朴。

李白　字太白。人称为谪仙。

李白诗亦有一小部分从渊明得来。

白居易　字乐天。号香山居士。通称白香山。

白居易的闲适诗，宗陶渊明。

苏轼　字子瞻。号东坡。

苏轼尝和陶诗，又尝手写陶诗。

附录三　渊明别传

《云仙散录》，尝引《渊明别传》。所谓《渊明别传》，不知何自而来。考《云仙散录》所引古书，多是不知来历的；当然，《渊明别传》也不可靠。今姑照录如下，以供博览。只不要误为真事就是了。

渊明尝闻田水声，倚林久听，叹曰："秋稻已秀，翠色染人，时剖胸襟，一洗荆棘。此水过吾师丈人矣！"

陶渊明得太守送酒，多以春秋水杂投之，曰："少延清欢数日。"

陶渊明日用铜钵煮粥，为二食具，遇发火，则再拜曰："非有是火，何以充腹？"

东坡生活

第一章　绪言

　　我们凡是读过《赤壁赋》的人，都知道苏东坡。凡是到过西湖的人，都知道苏堤；知道苏堤，也就知道苏东坡。

　　我们一读著《赤壁赋》，或是一到了苏堤，吟著东坡"欲把西湖比西子，淡妆浓抹总相宜"的佳句，便觉得有个长髯庞眉、风度潇洒的老人，立在我们面前。

　　这个老人的幻象，是极熟不过的；他的历史，我们也粗枝大叶的知道一些；但是要稍为详细一点知道他的日常生活是怎样，那就得多找几本书看看才行。

　　现在这一本小书，就是把东坡日常生活描写出来；让人家读了，对于这个长髯庞眉、风度潇洒的老人，认得更清楚一些，对于他的生活，知道得更明白一些。

　　这本小书的材料，一部分是从东坡的诗文集里取出来的，一部分是从宋、元人笔记里取出来的。有可疑的地方，也略加考订；有须加说明的地方，也随笔加些说明。靠我这一枝笨而拙的笔，要在这本小书里把东坡生活活画出来，那当然是一件失败的工作。不过，也不能说完全没有成绩。

我有多少能力，我就尽我的力，做出多少成绩来。这就是我对于读者的一点点贡献。

读者承受不承受，我且不管；我只知把我所能做的拿出来，就完了。

我可相信，写的手腕固然是不好，但所用的方法，想是不会错的。读者须知这本小书，不是东坡的传记，也不是东坡的诗文选，更不是评论东坡的诗话、文谈之类，又不是乱七八糟记载东坡逸事的杂记。这是描写东坡日常生活的一小册书。这个方法，想是没有用错。至于描写得不好，那是另外一个问题，我在前面早已声明过了。

倘然这个长髯庞眉、风度潇洒的老人，死而有知，责我不该多事；那么，我就回答他道："只怪你老人家自己当初不曾埋名隐姓，使人不知道；偏偏要留下甚么《赤壁赋》，甚么'淡妆浓抹'的诗，给人家读啊！这烦恼岂不是你老人家自取的么！"

或许他老人家未能免俗，和我们一样的好名；那么，他见了这一本书，说不定也要掀髯一笑。

好了！我的话说得太多了。读者且不要理会我这些废话，请看下面这位长髯老人来了。

第二章　东坡的家庭生活

　　我们说东坡的生活，从他的家庭说起。我仍可以说：他的家庭，是个幸福的家庭；他的家庭生活，是幸福的生活。他人家庭生活的材料，恐怕再没有比东坡更丰富的了。他的父亲，他的弟弟，不消说了；他的母亲，他的夫人，他的如夫人，他的儿子，他的妹妹，都有遗闻逸事，散见于笔记丛谈之中，任便何人的家庭生活的材料，恐怕再没有比他更丰富的了。

　　三十多年前，作者开始读书，那时还没有"国文教科书"，第一部读的就是《三字经》,《三字经》中间有四句道：

　　　　苏老泉，二十七，始发愤，读书籍。

　　原来这一位幼年失学，到二十七岁才发愤读书，结果是成了文学界的一个名人的苏老泉，就是东坡的父亲啊。[1]

老泉名洵，字明允。老泉是他的号。北宋时眉州眉山人，就是现在的四川地方人。他虽然到二十七岁才发愤为学，但是，自此以后，便博通经史诸子，下笔为文，千言立就。仁宗至和、嘉祐年间，与他的两个儿子，一同游京师，被欧阳修所赏识，因此文名满全国。他有文集二十卷，传于后世。后人称他为老苏，和他两个儿子，并称为三苏。"唐宋八家"，这个名词，大约读者都听见过。唐、宋两代，做散文的名家，一共只有八个，而苏氏一家占了三个。这不能说不是一种佳话。

苏洵的大儿子，名叫轼，字子瞻，号东坡，人家又称他为大苏。就是本书主人了。苏洵的小儿子，名苏辙，字子由，号颍滨[2]，人家又称他为小苏。著有《乐城文集》，及《诗传》、《春秋传》、《老子解》等书。

东坡的母亲，姓程氏。仁宗景祐三年，东坡生。东坡十岁时，老泉游学他方，程夫人亲自教他读书。对于古今成败得失，都能明白大概的情形。程夫人尝读《后汉书·范滂传》，慨然叹息。东坡问道："倘若轼为范滂，母亲许我么？"程夫人

---

① 编者按：老泉为谁，向有争议。叶梦得《石林燕语》说"老泉山人"为苏轼晚年自号。据记载，苏轼有"东坡居士 老泉山人"、"老泉"、"老泉居士"等印。叶说似可从。此条得自樊挺先生提示，谨此致谢。

② 编者按：《宋人轶事汇编》引《石林燕语》云："子由自岭外归许下，号颍滨遗老，家有遗老斋。"苏辙作有《颍滨遗老传》，"凡万余言"。

道："你能为范滂，难道我不能为范滂母么？"

原来范滂是东汉时人。为人很讲气节，因为党祸的关系而被杀害。临刑时，和他的母亲诀别说："请母亲割断慈恩，不要忧戚。"范滂母道："你今一死，留名万古，还有甚么遗恨？既要好名誉，又要长寿，那是办不到的事。"范滂的故事是这样。东坡当时愿为范滂，程夫人愿为范滂母，可见他们的志气是怎样。后来东坡为著党派的关系，虽然没有被杀，却也饱受迁谪之苦。也有人说：东坡当年的话，竟成了谶语：其实也无所谓谶语不谶语，只不过东坡倔强的志气，在小时候已养成了罢。

东坡的弟弟子由，和东坡同负文名。小时候在家里读书，彼此互相为师。子由尝说：

> 子瞻读书，有与人言者，有不与人言者；与辙言之，而谓辙知之。

他又说：

> 抚我则兄，诲我则师。

这可见他兄弟的情感是怎样了。东坡的诗集里，有不少的寄子由、和子由的诗。如《初秋寄子由》云：

百川日夜逝，物我相随去。惟有宿昔心，依依守故处。忆在怀远驿，闭门秋暑中。藜羹对书史，挥汗与子同。西风忽凄厉，落叶穿户牖。子起寻袂衣，感叹执我手。朱颜不可恃，此语君勿疑。别离恐不免，功名定难期。当时已悽断，况此两衰老。失涂既难追，学道恨不早。买田秋已议，筑室春当成；雪堂风雨夜，已作对床声。

这首诗是他在黄州时作的。中间追忆兄弟住在一处过暑天的情形，反衬出现在的初秋的寂寞；令人读了，有无限的感慨。尤其是有兄弟分住在各地，不易相见的人读了，越发难受。

东坡的夫人姓王氏，也很贤明。虽不是一个才女，能做诗词，却是谈吐也很不俗。我们只读他《后赤壁赋》里的语，就可以知道。

客曰："今者薄暮，举网得鱼，巨口细鳞，状似松江之鲈。顾安所得酒乎？"归而谋诸妇。妇曰："我有斗酒，藏之久矣，以待子不时之须。"于是携酒与鱼，复游于赤壁之下。

按，他的夫人这句话多少有趣。倘然东坡同他商量时，他很不高兴的说道："罢了。穷得饭也没有得吃了，还要喝甚么酒呢？"这样，东坡的一团兴致，被他打消得干净。东坡也没奈他何。再不然，他很小心谨慎的说道："不要去罢！天气冷了,(编者按,是十月十五。)夜晚跑到江边去，不要受了寒么！"他这样的说，东坡虽然不得不感激他的一番好意，但是，一团游兴也被他打散了。坐在家里，固然不会受寒；但恐要闷出病来。至于那位客，网得鲈鱼，只好自己一个人吃，更不知是怎样的沉闷！但是，王夫人不然，他却说："家里有酒。"这可见他潇洒的襟怀。

王夫人，虽然不曾听见说他会做诗词，却是他随口说的话，也往往含有诗意。东坡在颍州时，有一个正月的夜里，庭前梅花盛开，月色鲜霁，王夫人说：

春月色胜如秋月色：秋月色令人凄惨，春月色令人和悦，何如召赵德麟辈来，饮此花下？

东坡听了这话，大喜道："吾不知子能诗耶！此真诗家语耳。"他自然很快活的请了赵德麟诸人来，赏了一夜月。王夫人"秋月色令人惨凄，春月色令人和悦"两句话，确是名言。不但是饱含了诗意，而且饱含了哲学的意味。

当夜东坡曾本著他的话，填了一首《减字木兰花》的词道：

春庭月午，摇落春醪光欲舞。步转回廊，半落梅花婉婉香。　　轻风薄雾，都是少年行乐处。不似秋光，只与离人照断肠。

王夫人不但是说话含有诗意，他也善于治理家常生活，和农家的妇女一般。东坡在黄州时，自己种田五十亩，养牛一条。一天，牛患了病，请牛医来诊治，那牛医竟不识是何病症，当然是无从下药。王夫人却道："不要紧！这是痘斑，用青蒿煮粥给他吃，就会好的。"照他的方法医治，果然好了。王夫人何以能作牛医呢？无非是从经验得来的一种智识罢了。这可见他平时和农民社会很接近的。

东坡的如夫人朝云，有一段小小的伤心故事，预备放在下面"恋爱生活"里去讲，这里不多说了。

东坡有三个儿子。长子名迈，字伯达。少子名过，字叔党。都有文名。次子名迨，比较的不大著名。东坡屡次贬谪，叔党都跟随在身边，饮食起居，随时照料。他的叔叔苏子由，尝称他有孝行。叔党自号斜川居士，著有《斜川集》。

东坡的妹妹，世人称为苏小妹。又说他是嫁给秦少游（就是秦观）。不过，这是传说如此，恐不能十分可信。他的关于文学的故事很有趣。但是也不过传说如此，未必真确。如今因为他是有趣的关系，把他附记在这里。请读者不要认为信史罢了。

苏东坡、黄山谷、苏小妹三人在一起谈诗。小妹拈出"轻风细柳淡月梅花"八个字，要在每句中间加一字，成五言律诗两句。东坡说："轻风摇细柳，淡月照梅花。"山谷说："轻风舞细柳，淡月隐梅花。"小妹说："好虽好，但不能算绝好。"东坡说："如此，妹妹以为怎样才算好？"小妹道："轻风扶细柳，淡月失梅花。"东坡、山谷拍掌叹赏。

老苏先生一天和他儿子女儿聚在一起，发起限字吟诗。老苏拈出"冷香"二字，要把二字放在两句的末尾，做两句诗，看那个做得好。他自己首唱云："水向石边流出冷，风从花里过来香。"东坡云："拂石坐来衣带冷，踏花归去马蹄香。"颍滨云："□□□□□（原缺）冷，梅花弹遍指头香。"小妹云："叫月杜鹃喉舌冷，宿花蝴蝶梦魂香。"

一天，东坡和小妹同食爆栗，小妹道："栗破凤凰见。"意思是说"壳破黄见"。东坡想对一句，但是过了半天，总对不出。再过了几天，佛印来访东坡，东坡把这话对佛印说，佛印道："藕断鹭鸶飞。"原来"凰"、"黄"同音，"鸶"、"丝"也同音，所以为巧妙。当时佛印又说道："无山得似巫山耸。"（无、巫同音。）东坡对道："何叶能如荷叶圆。"（何、荷同音。）子由对道："何水能如河水清。"以"河"对"山"，比较的更好。

按，苏小妹的故事，不见于宋人笔记，到元以后人笔记中才有的。但是，他们也不是全无来历，只是来历不可靠罢了。今日通行的《今古奇观》中有一回，专说苏小妹的故事。按《今古奇观》，是明人杂辑宋人的评话，上文所记的苏小妹的故事，虽和《今古奇观》所说的不同，但性质却是一样。因此，可知这些苏小妹的故事大概是见于南宋时的评话里。不过今已很不易考了。总之，我们只好随便看看，不能信以为真。

第三章　东坡的政治生活

宋仁宗嘉祐二年，是时东坡二十二岁，赴礼部试，举进士，被欧阳修所赏识，受仁宗的知遇，是他开始过他的政治生活。

东坡虽然也有他的政治天才，不过，他并没有甚么显著的政绩。他的一生的政治生活，自从受神宗知遇起，到徽宗建中靖国元年，从岭外归来，卒于常州为止，无非是颠倒于知遇贬谪之中。翻来覆去，有好几次。

仁宗嘉祐二年，和他的弟弟苏辙，同举进士。时东坡二十二岁，他的弟弟十九岁。仁宗读了他们的考卷，很快乐的说道：

> 朕今日为子孙得两宰相矣。

这可见仁宗是怎样的看重他们。那年，遭母丧，暂时离开了政治的生涯。服除后，入京，授大理评事，出为凤翔府判官。英宗治平二年，转殿中丞，自凤翔还朝。不久，遭父丧，又暂时离开政治生涯。

英宗在位四年而崩，于是神宗即位，任用王安石，行他的新法。新法的好坏，很难判断，我们现在暂且不论，只说在那时候反对的人很多，就是东坡也是不满意王安石的一个人。那时东坡居父丧，已经除服了，入朝后，就被神宗召对，问他王安石的新法是怎样。他大概答应说：

> 求治不宜太急，听言不宜太广，进人不可太锐。愿镇以安静，待物之来，然后应之。

退朝之后，他又上了一封万言书。这封书是很有名的著作。东坡的政见，都在这封书里，就是论文章，也做得很好。现在把他录在这里：

> 臣之所欲言者，三言而已：愿陛下结人心，厚风俗，存纪纲。
>
> 人主之所恃者，人心而已。如木之有根，灯之有膏，鱼之有水，农夫之有田，商贾之有财，失之则亡。此理之必然也。自古及今，未有和易同众而不安，刚果自用而不危者。陛下亦知人心之不悦矣。
>
> 祖宗以来，治财用者不过三司；今陛下不以财用付三司，无故又创制置三司条例一司。使六七少年，日夜讲

求于内，使者四十余辈，分行营干于外。夫制置三司条例司，求利之名也；六七少年，与使者四十余辈，求利之器也。造端宏大，民实惊疑；创法新奇，吏皆惶惑。以万乘之主而言利，以天子之宰而治财，论说百端，喧传万口。或言京师正店，议置监官，夔路深山，当行酒禁，拘收僧尼常住，减刻兵吏廪禄，如此等类，不可胜言。而甚者至以为欲复肉刑，斯言一出，民且狼顾。陛下与二三大臣，亦闻其语矣。然而莫之顾者，徒曰："我无其事，何恤于人言。"操罔罟而入江湖，语人曰"我非渔也"，不如捐罔罟而人自信。驱鹰犬而赴林薮，语人曰"我非猎也"，不如放鹰犬而兽自驯。故臣以为欲消谗慝而召和气，则莫若罢条例司。

今君臣宵旰，几一年矣，而富国之功，茫如捕风，徒闻内帑出数百万缗，祠部度五千余人耳。以此为术，其谁不能？而所行之事，道路皆知其难。汴水浊流，自生民以来，不以种稻。今欲陂而清之，万顷之稻，必用千顷之陂，一岁一淤，三岁而满矣。陛下遂信其说，即使相视地形，所在凿空，访寻水利，妄庸轻剽，率意争言。官司虽知其疏，不敢便行抑退，追集老少，相视可否，若非灼然难行，必须且为兴役。官吏苟且顺从，真谓陛下有意兴作，上靡帑廪，下夺农时。堤防一开，水失故道，虽食议者之肉，何补于民！臣不知朝廷何苦而为此哉？

自古役人，必用乡户。今者徒闻江浙之间，数郡顾役，而欲措之天下。单丁女户，盖天民之穷者也，而陛下首欲役之，富有四海，忍不加恤！自杨炎为两税，租调与庸既兼之矣，奈何复欲取庸？万一后世不幸有聚敛之臣，庸钱不除，差役仍旧，推所从来，则必有任其咎者矣。青苗放钱，自昔有禁。今陛下始立成法，每岁常行。虽云不许抑配，而数世之后，暴君污吏，陛下能保之与？计愿请之户，必皆孤贫不济之人，鞭挞已急，则继之逃亡，不还，则均及邻保，势有必至。异日天下恨之，国史记之，曰"青苗钱自陛下始"，岂不惜哉！且常平之法，可谓至矣，今欲变为青苗，坏彼成此，所丧逾多，亏官害民，虽悔何及！

昔汉武帝以财力匮竭，用贾人桑羊之说，买贱卖贵，谓之均输，于时商贾不行，盗贼滋炽，几至于乱。孝昭既立，霍光顺民所欲而予之，天下归心，遂以无事。不意今日此论复兴。立法之初，其费已厚，纵使薄有所获，而征商之额，所损必多。譬之有人为其主畜牧，以一牛易五羊，一牛之失，则隐而不言，五羊之获，则指为劳绩。今坏常平而言青苗之功，亏商税而取均输之利，何以异此？臣窃以为过矣。议者必谓民可与乐成，难与虑始，故陛下坚执不顾，期于必行。此乃战国贪功之人，行险侥幸之说，未及乐成而怨已起矣。臣之所愿陛下结人心者，此也。

国家之所以存亡者，在道德之浅深，不在乎强与弱。历数之所以长短者，在风俗之薄厚，不在乎富与贫。人主知此，则知所轻重矣。故臣愿陛下务崇道德而厚风俗，不愿陛下急于有功而贪富强。爱惜风俗，如护元气。圣人非不知深刻之法可以齐众，勇悍之夫可以集事，忠厚近于迂阔，老成初若迟钝。然终不肯以彼易此者，知其所得小而所丧大也。仁祖持法至宽，用人有叙，专务掩覆过失，未尝轻改旧章。考其成功，则曰未至。以言乎用兵，则十出而九败；以言乎府库，则仅足而无余。徒以德泽在人，风俗知义，故升遐之日，天下归仁焉。议者见其末年吏多因循，事不振举，乃欲矫之以苛察，齐之以智能，招来新进勇锐之人，以图一切速成之效。未享其利，浇风已成。多开骤进之门，使有意外之得。公卿侍从，跬步可图，俾常调之人，举生非望。欲望风俗之厚，岂可得哉？近岁朴拙之人愈少，巧进之士益多。惟陛下哀之救之，以简易为法，以清净为心，而民德归厚。臣之所愿陛下厚风俗者，此也。

祖宗委任台谏，未尝罪一言者。纵有薄责，旋即超升；许以风闻，而无官长。言及乘舆，则天子改容，事关廊庙，则宰相待罪。台谏固未必皆贤，所言亦未必皆是；然须养其锐气，而借之重权者，岂徒然哉？将以折奸臣之萌也。今法令严密，朝廷清明，所谓奸臣，万无此理。然养猫以去鼠，不可以无鼠而养不捕之猫；畜狗以防盗，不可以无盗而畜不吠之狗。陛下得不上念祖宗设此官之意，下为子孙万世之防？臣闻长老之谈，皆谓台谏所言，常随天下公议。公议所与，台谏亦与之；公议所去，台谏亦去之。今者物论沸腾，怨讟交至，公议所在，亦知之矣。臣恐自兹以往，习惯成风，尽为执政私人，以致人主孤立。纪纲一废，何事不生！臣之所愿陛下存纪纲者，此也。[①]

这封书上了之后，王安石见他和自己的政见不同，就暗使同党毁谤东坡。东坡见局面不好，也就不和他多辩，只求外任，想藉此免避政争。于是出为杭州通判。由杭州移密州，而徐州，而湖州，做过许多地方的官。而在这时候虽然免避了政争，然暗中正酝酿著文字之狱。

东坡到湖州谢表里有句道：

愚不识时，难以追陪新进；老不生事，或能牧养小民。

王安石的私人指他为讪谤。东坡有诗道：

读书万卷不读律，致君尧舜终无术。

王安石的私人指为刺课士。东坡有诗道：

---

① 编者按：此篇上书似应录自《宋史》卷三百三十八苏轼本传，然本传无"或言京师正店"至"民且狼顾"一段，是处据孔凡礼点校《苏轼文集》卷二十五校正，并补至"亦闻其语矣"。

东海若知明主意，应教斥卤变桑田。

王安石的私人就指为斥盐政。

平心而论，东坡在那时候，借文字刺讽时政，也是实事。但是，这样的刺讽也不至于有甚么大不了的罪名。却是在专制时，皇帝是神圣不可侵犯的，你刺讽时政，就是侵犯了皇帝，一旦被人告发，便有性命之忧，仅仅的贬谪贬谪，还是算万幸了。

东坡的文字之狱，本已酝酿了好久，到元丰二年，便突然爆发。因李定、何大正等人的检举，便将东坡从湖州逮赴御史台监狱。在这时生死是不可知的。

东坡在监狱中，是他的长子苏迈送牢饭。东坡同迈约：平时送肉和菜，倘然一听到不好的消息，就送鱼。如此过了几日，一天，迈因有事不能送，托他的亲戚代送，偶然忘记了前约，刚巧这位亲戚，那天买到了鱼，他就把煎鱼送进去，也没肉，也没有菜。在亲戚本是无心，却不料东坡在监狱里接到了煎鱼，他是如何的焦急啊！他以为他的性命是保不住了。

他在万分焦急中，忽然想出一条计策。他想：神宗待他本来很好，只不过听了王安石一班人的话，所以如此。倘然有机会感动神宗，或者可以免得一死。他就在狱中做了两首诗，寄给他的弟弟子由，做得十分凄恻动人，交给狱卒带出。他想狱卒拿得这两首诗，一定不给子由，一定要给神宗。如此，他的计就行了。果然，狱卒拿得这两首诗，送给神宗看。

那诗道：

　　柏台霜气夜凄凄。风动琅珰月向低。梦绕云山心似鹿，魂飞汤火命如鸡。额中犀角真吾子，身后牛衣愧老妻。他日神游定何所，桐乡应在浙江西。

　　圣主如天万物春，小臣愚暗自亡身。百年未了须还债，十口无家更累人。是处青山可藏骨，他时夜雨独伤神。与君今世为兄弟，更结来生未了因。

　　神宗读了这两首诗，果然感动了。况且神宗本无意杀他，读了这诗，更觉得他可怜，于是就从宽解决，把东坡贬谪到黄州去了事。同时被贬的还有他的弟弟苏辙及王诜等人。

　　东坡初到黄州，是很穷苦，只是借住在道院里。后来难为马正卿替他请于郡守，得到旧营地几十亩，给他耕种，才可以安乐度日。那地在东坡下，故自号东坡居士。于是我们要知道：东坡二字的别号，是到此时才有，以前是没有的。他的诗集中，有《东坡诗》八首，就是纪他在东坡种田的事。其小叙道：

　　余至黄州二年，日以困匮。故人马正卿哀余乏食，为于郡中请故营地数十亩，使得躬耕其中。地既久荒为茨棘瓦砾之场，而岁又大旱，垦辟之劳，筋力殆尽。释耒而欢，乃作是诗。自愍其勤，庶几来岁之入，以忘其劳焉。

他虽然有田可耕，但是我们只要读了这篇小叙，就可以知道他开荒的困苦了。他本有田在常州，就上书请到常州居住。朝廷允许了他，他回到常州。于是黄州的谪居生活，就算结束了。

神宗之后是哲宗。复用司马光为相，罢王安石新法。诏东坡入朝，为中书舍人，兼侍读。仁宣太后很敬重他，召他到宫中问对。

但是他和司马光的政见也不能十分相同。又因地方的关系，当时在朝诸人，各立党派，有甚么洛党、蜀党、朔党的分别。洛党以程颐为首领，朔党以司马光为首领，蜀党就以东坡为首领。因为党派的争论，东坡第二度出官杭州，在那啸傲湖山，很留了一些遗迹。现在西湖的苏堤就是东坡那时候在杭州筑的。

以后几年，时而入朝，时而出知他州，经过好几番出入，到哲宗绍圣元年，终因党争的关系，被贬到岭外（惠州及琼州）。

在岭外过了多年的贬谪生活，到建中靖国元年正月，才回到常州，就于那年六月请老，以本官致仕，七月，就卒于常州。（距生于仁宗景祐三年，年六十六岁。）他的一生，也就于知遇贬谪中过去了。

第四章　东坡的贬谪生活

前章说过，东坡的政治生活，无非是反复于知遇贬谪之中。他的一生，时而入朝，时而到外面去做小官，时而被贬谪到远的地方去。细细说来，是一笔极麻烦的账。而简单的说一句：他生平是遭过两次知遇，和两次贬谪。两次知遇，已在前章说过；一次是神宗时上万言书的时候，一次是被仁宣太后召对的时候。得意的事，不过如此，没有甚么多话可说。所谓两次贬谪，就是一次被贬到黄州，一次被贬到岭外。这里可说的话较多了，现在分别说来如下：

黄州，在今湖北，居长江上游。在那时候，算是偏僻的地方，生活当然是不舒服。但是东坡胸襟开朗，不以迁谪为苦。初到黄州时，借住在天庆观道士堂里，预备在那里，静坐四十九天。他在此时不但不觉有得甚么苦处，反悟得修养要旨。试看他答秦太虚的信道：

　　吾侪渐衰，不可复作少年调度，当速用道书方士之

言，厚自养炼。谪居无事，颇窥其一二。已借得本州天
庆观道堂三间，冬至后当入此室，四十九日乃出。非自废
放，安得就此。太虚！他日一为仕宦所縻，欲求四十九日
闲，岂可复得耶！当及今为之。但择平时所谓简要易行
者，日夜为之，寝食之外，不治他事。但满此期，根本立
矣。此后纵复出从人事，事已则心返，自不能废矣。

这几句话可以算是他自己报告在黄州修养时的情形。
又寄太虚的信道：

　　初到黄，廪入既绝，人口不少，私甚忧之。但痛自
节俭，日用不得过百五十。每月朔，便取四千五百钱，断
为三十块，挂屋梁上，平旦，用画叉挑取一块，即藏去
叉，仍以大竹筒别贮。用不尽者，以待宾客。此贾耘老法
也。度囊中尚可支一岁有余，至时别作经画。水到渠成，
不须预虑。以此，胸中都无一事。

这是他自己报告在黄州时的经济状况。他每日至多只用
一百五十文，固然是那时候的生活程度低，然看他那样的把
一月的用费，预先分为三十块，挂在屋梁上，每天早晨用画
叉挑取一块，还要贮大竹筒中，慢慢的用，如有用不完的，
还要用来待宾。这样的爱惜物力，在今日看起来，就是穷措
大看了，也未免要失笑，何况是富家儿郎！

又寄太虚的信道：

> 所居对岸武昌，山水佳绝。有蜀人王生在邑中，往往为风涛所隔，不能即归，则王生能为杀鸡炊黍，至数日不厌。又有潘生者，作酒店樊口，棹小舟径至店下。村酒亦自醇酽。柑橘椑柿极多，大芋长尺余，不减蜀中。外县米，斗二十，有水路可致。羊肉如北方，猪牛獐鹿如土，鱼蟹不论钱。岐亭监酒胡定之，载书万卷随行，喜借人看。黄州曹官数人，皆家善庖馔，喜作会。

这是他报告在黄州交游的情形。他的四川同乡，开酒店带卖水果的老板，岐亭酒监、黄州曹官（大约都是该地方的小官），这些人都是和他往来的朋友。村店醇醪，家厨精馔，时常聚会。他把这些事零零碎碎，栗栗碌碌，随笔写来，令人读了，如读小说，如听老妪谈家常，只觉得非常有趣。而他的贬谪生活中，有这样的一段，亦可算不寂寞了。

另有寄王元直的信和答毕仲举的信，都是在黄州时自述他的谪居生活。寄元直信云：

> 黄州真在井底，杳不闻乡国消息。不审比日起居何如？郎、娘各安否？此中凡百粗遣，江边弄水挑菜，便过一日。……或圣恩许归田里，得款段一仆，与子众丈、杨宗文之流，往来瑞草桥，夜还何村，与君对坐庄门，吃瓜

子炒豆，不知当复有此日否？

答仲举信云：

> 黄州滨江带山，既适耳目之好，而生事百须，亦不难致。早寝晚起，又不知所谓祸福果安在哉！偶读《战国策》，见处士颜蠋之语，"晚食以当肉"，欣然而笑。若蠋者，可谓巧于居贫者也。菜羹菽黍，差饥而食，其味与八珍等；而既饱之余，刍豢满前，惟恐其不持去也。美恶在我，何与于物！

前一信，充满了归思。我们读了，好像是他过不惯谪居的生活。其实不然。他所以思归，是忘不了故乡的朋友，原非过不惯谪居的生活。我们试把后一信对照一读，就可以知道他对于谪居的生活，是觉得很安适的。

大概远僻的地方，都有很好的山水；而谪居的生活，又十二分的闲散；闲散的人，遇著好的山水，自然有充份的工夫去攀藤扪葛，选胜探幽了；自然有充份的兴致去领略山水的真趣了；也自然有充份精神去做纪游的文章了。

柳子厚的永州、柳州山水小记，是千古游记中的神品。我们今日读一读他的文集，甚么黄溪，甚么钴鉧潭，甚么袁家渴，甚么仙弈山，甚么石鱼山，溪光云影，恍惚都在卷帙间。谁也觉得他的游记做得好，却不知道这些游记，全是贬谪的生活逼他做成的。他被逼迫着做成这许多文章，却不料成为绝作，流传千古而不朽。这又是被贬谪者不幸中的大幸了。

三十年前，作者在蒙馆里从旧式的先生读《古文观止》，就读到苏东坡的前后《赤壁赋》。

> 白露横江，水光接天。纵一苇之所如，凌万顷之茫然。
>
> 哀吾生之须臾，羡长江之无穷。挟飞仙以遨游，抱明月而长终。
>
> 霜露既降，木叶尽脱。人影在地，仰见明月。
>
> 江流有声，断岸千尺。山高月小，水落石出。

这些名句，一直到现在，还深深的刻在脑子里。不过，在当时候只是瞎读罢了，那里知道赤壁就是在黄州，那里知道苏东坡是因贬谪到黄州去才得著游赤壁的机会。到现在才明白东坡的千古不朽的《赤壁赋》，也和柳子厚的小记一样，是贬谪的生活逼迫他做成的。东坡在黄州时的作品，除了《赤壁赋》以外，还有一首《赤壁怀古》，通称为"大江东去"的词，也是文坛上的名著。其他诗文，就不及此了。这大概也是赤壁是天成生一个好题目的缘故。

说到赤壁，又少不了有几句枯燥无味的考证话来了。本来曹操和周瑜打仗的赤壁，在今湖北省嘉鱼县，而黄州也有一个赤壁。两个赤壁，是各管各，不相干的。苏东坡所游的，是黄州的赤壁，不过，他的赋里，把他认为曹操打仗的赤壁。累得后来注《古文观止》的先生们，说东坡所游的是嘉鱼的赤壁，以致和事实不符。而眼力精锐的校勘家，又说苏东坡没有地理历史的常识，以至于缠不清。其实，东坡也知道黄州的赤壁，不是曹操打仗的赤壁；至少，对于这个地方，也有些怀疑。只看他寄范子丰的一封信，就可以知道。那信道：

> 黄州少西山麓，斗入江中，石室如丹，传云曹公败所，所谓赤壁者。或曰：非也。时曹公败归华容，路多泥泞，使老弱先行，践之而过。曰："刘备智过人，而见事迟。华容夹道皆葭苇，使纵火，则吾无遗类矣。"今赤壁少西对岸，即华容镇。庶几是也。然岳州复有华容县，竟不知孰是？今日李委秀才来相别，因以小舟载酒饮赤壁下。李善吹笛，酒酣作数弄，风起水涌，大鱼皆出，山上有栖鹘，亦惊起。坐念孟德、公瑾，如昨日耳。

这封信，是东坡刚游了赤壁以后写的。他说：传云曹公败所，所谓赤壁者。他又说：或曰：非也。这可见东坡认他为曹操败所，不过是根据传说，自己实在也有些怀疑。不过曹操的赤壁大战，确是作文的好材料，东坡要利用这材料，所以就根据似是而非的传说，在《赤壁赋》里，把他认为是曹操的败所。说他完全弄错，固是不可；说他有意欺人，也未必；他只不过欲利用曹操的战争，点缀他的文章罢了。真的！

倘然把曹操的故事除掉，那《赤壁赋》和"大江东去"的词，要减色不少。

东坡在黄州时的生活，除了上文所述的而外，再有在那边躬耕的事，在前面"政治生活"里已说过，今不再说。还有一件应该说的事，就是《后赤壁赋》中所说的"步自雪堂"。

这一所雪堂，在黄州的东门，就是在他躬耕的地方，因为在雪中筑成，所以就题名雪堂，并在四壁画了雪景。《赤壁赋》中所谓"步自雪堂"，就是这所房舍了。只不知现在可有遗迹没有？

柳子厚因贬谪而得遍游永州和柳州的山水，东坡因贬谪而得饱看黄州的江山，这是他们二人相同的。不过，子厚的胸襟太窄狭，谪居的生活是郁郁无聊，东坡的胸怀阔达，随时随地，都作乐观，这是他们二人不同之点。"忧郁能伤身"，这句话是不错的。但看柳子厚只活到四十七岁，苏东坡却活到六十六岁，相差约二十年，虽然也有旁的关系，但是达观不达观，不能说不是许多关系中之一种。

东坡谪居在黄州时的生活，已如上文所述，他谪居在岭外时，是怎样呢？岭外是今广东地方，东坡被谪到广东的惠州和琼州。这二州在北宋时还算是蛮荒之地，天气又很炎热，在那边的生活，自然不及黄州舒服了。琼州更是一个荒岛，是古代所谓儋耳人所住的地方，因为是岛，要航海去，所以当时称为"海外"。

我们要知道东坡在那边的生活是怎样，请看他的自述：

岭南天气卑湿，地气蒸溽，而海南为甚。夏秋之交，物无不腐坏者。人非金石，其何能久！然儋耳颇有老人，年百余岁者，往往而是，八九十者不论也。乃知寿夭无定，习而安之，则冰蚕火鼠，皆可以生。吾常湛然无思，寓此觉于物表，使折胶之寒，无所施其冽，流金之暑，无所措其毒，百余岁岂足道哉！彼愚老人者，初不知此，特如蚕鼠生于其中，兀然受之而已。一呼之温，一吸之凉，相续无有间断，虽长生可也……九月二十七日，秋霖雨不止，顾视帷帐，有白蚁升余，皆已腐烂。感叹不已。信手书。时戊寅岁也。

吾始至南海，环视天水无际，凄然伤之，曰："何时得出此岛耶？"已而思之：天地在积水中，九州在大瀛海中，中国在少海中，有生孰不在岛者！覆盆水于地，芥浮于水，蚁附于芥，茫然不知所济。少焉水涸，蚁即径去，见其类，出涕曰："几不复与子相见。岂知俯仰之间，有方轨八达之路乎！"念此可为一笑。戊寅九月十二日，与客饮薄酒小醉，信笔书此纸。

这两篇短文，描写潮湿炎热的天气，和说明他对付这种环境的达观，是很详细的，很明白的。我们读了，不但是能了解他在那时候的生活，而且彻底了解人生的意义。

说到这里，我们又要说一说两个和东坡相似的人了。一个是韩退之。他曾被贬谪到潮州，潮州在广东，那地方的气候风俗人情等，正和惠州相同。韩退之的《驱鳄鱼文》①，就是在那个时候做的。再有一个是柳子厚。他曾被贬到柳州，柳州在广西，一切的情形，也和广东差不多。这两位所谓"逐客"，被贬谪的地方，恰和东坡一样。但是他们对于环境，就不及东坡旷达了。

韩退之有诗道："水作青罗带，山为碧玉簪。"柳子厚有诗道："海上群山若剑铓，秋来处处割愁肠。"退之的诗还没有甚么，子厚的诗就满纸都是伤心语。却不料东坡就用他们的现成语，做成一联云："系闷岂无罗带水？割愁还有剑铓山。"不但是善于运用成语，十分巧妙，而且把柳诗原意翻转来说，就把伤心语一变而为旷达语。这一点就是东坡和退之、子厚不同处。

东坡贬谪到惠州时，有他的如夫人朝云同去，后来朝云就死在惠州。这也是更足伤心的事，但东坡却也看得很平常。关于这一件事，在下面"恋爱的生活"一章里面说得很详细，这里不多说了。

东坡在琼州，因为消息不灵通，有人误传东坡死了。后来东坡回来，才证明他没有死。因此，这一件事便成了文坛上的一个典故。我们现在当然不必拿他当典故用，但是，于此可看得出两件事情：其一，琼州的消息阻隔，可见他的荒远。其二，后人拿他当典故用，可见他们怎样的钦佩东坡。

---

① 编者按：据马其昶校注《韩昌黎文集》，此文篇名原作"鳄鱼文"。又或讹为"祭鳄鱼文"。

第五章　东坡的文艺生活

凡是略读过一点中国文学史的人，都知道东坡是中国文坛上一个著名的人物。东坡的文学作品，全恃天才，不假人力。他对于一切的文艺，竟没有一样不会，且各有相当的位置。但是，没有听见他用过甚么苦功。不但不曾用过苦功，而且是当作一件游戏事看待。试看他自述道：

> 吾文如万斛泉源，不择地皆可出。在平地滔滔汩汩，虽一日千里无难。及其与山石曲折，随物赋形，而不可知也。所可知者，常行于所当行，常止于不可不止，如是而已矣。其他，虽吾亦不能知也。

他又说道：

> 作文如行云流水，初无定质；但常行于所当行，止

于所不可不止。虽嬉笑怒骂之辞，皆可书而诵之。[1]

他又说道：

> 某平生无快意事。惟作文章，意之所到，则笔力曲折，无不尽意。自谓世间乐事无逾此者。

这三段话，差不多把他自己文学的特色，老老实实，清清楚楚，告诉人家。我们再看他自述作诗的话。他于《腊日游孤山访惠勤惠思二僧》的诗，后半首道：

> ……兹游淡薄欢有余，到家恍如梦蘧蘧。作诗火急追亡逋，清景一失后难摹。

作诗如追亡逋，要火速追上，一松手，便被他逃走了。这好像是笑话，而不知确是实情。然这样的作诗者，也全在遇著机会时，火急捉住，不要把机会放过；倘没有遇见机会

---

[1] 编者按：此段似引自《宋史·苏轼传》，"作文"前有"尝自谓"三字，然"虽嬉笑怒骂之辞，皆可书而诵之"为本传之论，非苏轼语。查《苏诗文集》卷四十九《与谢民师推官书》，苏轼这段话并非自称，而是称赞谢民师的书法及文章："所示书教及诗赋杂文，观之熟矣。大略如行云流水，初无定质，但常行于所当行，常止于不可不止，文理自然，姿态横生。"第十章同此误。

时，也不能勉强寻机会，决不是苦吟深思的诗人，所能觳学他这样的做；然他也不能做苦吟深思的诗。

总之：东坡这四句诗，也充份的描写出他的作诗的生活，充份的说明了他的诗的特色。

说到苏东坡的词，也是宋朝的一个大家。他在那时候，和柳永都以善做词著名，他有幕客某某，是善歌的，东坡问他："我词比柳耆卿（就是柳永）何如?"某说："柳郎中词只好十七八女孩儿，按执红牙拍，歌'杨柳岸晓风残月'。学士词须关西大汉，执铁绰板，唱'大江东去'。"东坡听了，不觉大笑。

这位幕客的话，也真能道得东坡词的好处。

东坡除了文、诗、词而外，兼能书，能画，而书法尤为著名。他写字，也恰如他作文作诗一样，全是天才，不假人力。试看他《跋文与可论草书后》的一段话道：

> 余学草书凡十年，终未得古人用笔相传之法。后因见道上斗蛇，遂得其妙。乃知颠、素之各有所悟，然后至于如此耳。

又云：

> 留意于物，往往成趣。昔人有好草书，夜梦，则见蛟蛇纠结。数年，或昼日见之。草书则工矣，而所见亦可

患。与可之所见，岂真蛇耶？抑草书之精也？余平生好与与可剧谈大噱，此语恨不令与可闻之，令其捧腹绝倒也。

从蛇打架而悟到写草字，真是奇谈。而且他说："余学草书凡十年，终未得古人用笔相传之法，后因见道上斗蛇，遂得其妙。"如此说来，那十年工夫是枉用了。不会写字的人，也不必伏案，执笔，临甚么帖，摹甚么碑，只消望田沟草堆里去守著，看一回蛇打架，立刻可以领悟，拿起笔来一挥，就可以成为草书名家了。在事实上说得通么？那当然是不通。所以我记东坡的话，连带要声明一句：读者如要学写草字，切不可因此一言而上了东坡的当。倘然不听我的忠告，而上了东坡的当，那么，我是不负责的。

这样说来，东坡的话又全是骗人的话么？那我又要声明：东坡的话，或者说得太过分些，但决不是完全骗人。为甚么呢？读者要知道：他是先学了十年学不成，及一见蛇打架，才领悟得。倘然不先有这十年的工夫，任凭你见一百次蛇打架，也是无用。这就是我忠告读者的话了。不过，我自己固然没有学过十年书，也没有见过蛇打架，所以写起字来，总是写不好。

东坡《题文与可画竹》①的诗道：

---

① 编者按：据王文诰辑注《苏轼诗集》，此诗原题作"书晁补之所藏与可画竹三首"，最后一句作"谁知此疑神"。

> 与可画竹时，见竹不见人。岂独不见人，嗒然遗其身。其身与竹化，无穷出清新。庄周世无有，谁知此凝神？

画竹能将身与竹俱化，那么，画梅也必须将身与梅俱化，画甚么，将身与甚么俱化，如此，画才能得神。文与可是善于画竹的，然而当他画竹时，已经将身与竹俱化了，任便甚么都不管了，所以他的将身与竹俱化，在他自己还没有知道，而一般的人又不能知道，只有东坡能知道，只有东坡能说得出。

这两番话，虽然是东坡评论文与可的书和文与可的画，和他自己的书画无甚关系，但是他知说得出这样的话来，也可以知道他自己的书画是怎样了。

东坡是个绝顶聪明人，不但诗、词、书、画，样样都会，样样都好，就是猜谜子、对对子等等小玩意儿，也都很精。现在记两件极有趣味的故事如下：

当王安石柄国政时，行"青苗法"，人民都觉得不便；但是敢怒而不敢言，只好用谜语式的诗，说说他们的痛苦。那时候有人在相国寺壁上题诗道：

> 终岁荒芜湖浦焦，贫女戴笠落柘条。阿侬去家京洛遥，惊心寇盗来攻剽。

人家读了这首诗，没一人知道他的用意。只说是妇女因为丈夫外出，又遇著荒年乱世，所以题这样的一首诗。谁也不知道是骂王安石的话。后来王安石失败了，东坡才把这首诗解释给人家听，说是骂王安石的。那首诗是这样解释的：诗中"终岁"二字，就是"十二月"；"十二月"三个字，合成一个"青"字。"荒芜"二字，是说"田有草"；草字头加"田"字，就是"苗"字。"湖浦焦"是"去水"的意思；水旁加"去"字，就是"法"字。"阿侬"是吴言；"吴言"二字，合成"误"字。"去家京洛"，是"国"字。"寇盗"，是说"贼民"。全诗所寓的字，就是"青苗法，误国贼民"。①这样一说，便明白了。那做的人，亏他想得出；更亏了东坡能猜得出。

在北宋时候，中国和辽国往来，辽东的使臣，都能通中国文，通中国语。却是故意的寻出些难题目来，和中国人相戏，中国人倘然答不出，那就要被他们看不起。这是当时候国际交涉中的一种特别情形，上文已经说明白了。如今再说，元祐时有一位辽使到中国来，他出了一个对子道："三光日月星。"这个对子，可把人难住。任便你怎样用一个数目字，对了三字；但是下文总被三件事物所限定，所以是无法可对的。于是人家去请教东坡。东坡对道："四诗风雅颂。"这样才把那辽使压服了。

---

① 编者按：此诗第二句中，女戴笠为"安"字，柘落木条剩"石"字。全诗所言就是"青苗法安石误国贼民"。

东坡又常和黄山谷、秦少游等人同观李龙眠的画。那幅画上所画的，是许多人在那里掷骰子。盆子里的骰五粒是六，还有一粒，方在旋转未定。一人俯首疾呼，他人都作吃惊的样子。画得情景逼真。看的人都说好。只有东坡道："为甚么李龙眠学闽中口音？"人家不懂，问他是甚么意思。东坡说道："四海语音，呼六，都是合口。只有闽中是开口。今盆中五粒骰子都是六，再有一粒旋转未定，一人俯首疾呼，自然呼他是六。然此人不是合口，却是张口。岂不是闽音？"人家听了他的话，都钦服他的眼光精细。把这话告诉李龙眠，李龙眠也佩服他。

东坡的诗文，固然是明白如话，人人能解，然有时候也有特别难解的地方。因为他于所请三教九流的书，无所不读，读了，又都拉来应用。如咏雪诗道：

冻合玉楼寒起粟，光摇银海眩生花。

王安石见了这两句诗，十分佩服，对他的女婿蔡卞称赞这诗好。蔡卞道："只不过形容雪色罢了，有甚么好处？"王安石道："你那里知道呢？'玉楼'是肩名，'银海'是眼名，出于道书，他使用得恰好，所以为妙。"

按，这样的字，亏了东坡会用，也亏了安石能懂。

第六章　东坡的闲适生活

东坡的诗格，在陶渊明、白香山之间。原来诗格也就是人格的代表，可知东坡的人格，和渊明、香山有相似之处。这种相似处，就是"闲适"。

我们要知道东坡闲适的生活，试看他自述的话：

> 予谪居黄州，辩才、参寥遣人致问，且以《题名》相示。时去中秋不十日，秋潦方涨，水面千里，月出房心间，风露浩然，所居去江无十步，独与儿子迈棹小舟至赤壁，西望武昌，山谷乔木苍云，云涛际天。因录以寄参寥，使以示辩才。有便至高邮，亦可录以寄太虚也。

参寥、辩才，是东坡的两个方外朋友，太虚就是秦观；这是东坡寄与他们三人的小简，报告他在黄州的闲适生活。

> 或为予言：草木之长，常在昧明间。早起伺之，乃

见其拔起数寸，竹笋尤甚。夏秋之交，稻方含秀，黄昏月出，露珠起于其根，累累然，忽自腾上，若推之者，或缀于茎心，或缀于叶端，稻乃秀实，验之信然。

这又是一段闲适生活的写照。

司空表圣有"棋声花院闭"之句，吾尝独游五老峰，入白鹤观，松阴满地，不见一人，古松流水间，惟闻棋声，然后知此句之妙也。[①]

这又是一段闲适生活的写照。

元丰六年十月二日夜，解衣欲睡，月色入户，欣然起行。念无与乐者，遂至承天寺寻张怀民。怀民亦未寝，相与步于中庭。庭下如积水空明，水中藻荇交横，盖竹柏影也。何夜无月，何处无竹柏，但少闲人如吾两人耳！

---

① 编者按：此段似引自梁章钜《浪迹三谈》卷一，称作"苏东坡《观棋诗》序"。查《苏轼诗集》卷四十二《观棋》，其引云："予素不解棋，尝独游庐山白鹤观，观中人皆阖户昼寝，独闻棋声于古松流水之间，意欣然喜之。自尔欲学，然终不解也。儿子过乃粗能者，儋守张中日从之戏，予亦隅坐，竟日不以为厌也。"

这又是一段闲适生活的写照。

草木的生长，稻茎的吸收露珠，道院中的棋声，空庭中月光如水，竹柏影如荇藻：这许许多多自然界的奥妙，不是十分闲适的人，不能发现；发现了，说与他人听，他人不曾身历其境，也不能理会。像东坡这样绝顶聪明的人，于草木的生长，也要实验了，然后信人家的话；于"棋声花院闭"的诗，也要亲自到了白鹤观，听见棋声，才知道此句之妙。那么，一般钝根人，一天到晚，奔走于名利之场，那里能领会此中佳趣？而且这样的钝根人，就使他身历其境，也不能领会。

东坡说得好："何夜无月，何处无竹柏，但少闲人如吾两人耳！"这话真说得透彻极了。宇宙间的一山一水，一风一月，一草一木，极寻常的事物，莫不含有极奥妙的意味，只在闲适的人能彀细细的领略，慢慢的体会。可惜世上忙人多，闲人少，就把这些都忽略过了。

东坡的闲适的生活，能彀从他的文学作品里充份的描写出来。他的《行香子》词云：

清夜无尘，月色如银。酒斟时，须满十分。浮名浮利，虚苦劳神。叹隙中驹，石中火，梦中身。　　虽抱文章，开口谁亲，且陶陶乐尽天真。几时归去，作个闲人，对一张琴，一壶酒，一溪云。

又《虞美人》词云：

持杯遥劝天边月，愿月圆无缺。持杯复更劝花枝，且愿花枝长在、莫离披。　持杯月下花前醉，休问荣枯事。此欢能有几人知，对酒逢花不饮、待何时。

又《蝶恋花》词云：

云水萦回溪上路，叠叠青山，环绕溪东注。月白沙汀翘宿鹭，更无一点尘来处。　溪叟相看私自语：底事区区，苦要为官去！尊酒不空田百亩，归来分得闲中趣。

又和梵天寺僧守诠诗云：

但闻烟外钟，不见烟中寺。幽人行未已，草露湿芒屦。惟应山头月，夜夜照来去。

我们说到闲适的诗人，我们立刻联想到陶渊明和孟浩然。东坡最喜陶渊明的诗，不但是读得烂熟，而且逐首的和他，作《和陶诗》四卷。可见他是如何景仰陶渊明了。不过，他的实际的生活，却和陶渊明略有不同。渊明自从不为五斗米折腰，解绶归去而后，就结身做个隐者，享受田园的生活，亲自荷锄种豆于南山之下，亲与野老农夫话桑麻。而东坡则不然。东坡虽然屡被遣谪，投迹蛮荒，有时脱离了热闹城市的生活，却不曾像陶渊明做个得失不知、治乱不闻的羲皇以上人。是他的闲适生活，乃无时不闲适，无地不闲适，居山林亦闲适，居朝市亦闲适，居蛮夷亦闲适。

孟浩然也是个闲适的诗人，他的"微云淡河汉，疏雨滴梧桐"的名句，真是充满了闲适的意趣。然而孟浩然是个终身不仕的隐者。所谓"不才明主弃，多病故人疏"，他差不多是个和世人断绝关系、超然于尘寰以外的人。而东坡则不然。东坡的实际生活，和浩然不同。只不过他的意趣，却和浩然一样。

自来遭著贬谪的人，多郁郁不自得，以致文学作品，多变为消极的，人生观也都变为消极的，结果，是以悲愤损其天年。只有东坡能免去这一层。这是他闲适的胸怀，能毂处逆境而不怨，所以如此。这话在前面"贬谪的生活"一章里，已经说过。这里不必多讲，请读者参看罢。

第七章　东坡的豪放生活

前一章写东坡闲适的生活，因为我的笔墨太拙劣，不知如何写法，说了半天还不曾把东坡的闲适的生活，充份的写出。但是，读了这一章书，于东坡的闲适生活，也可以略见一斑了。

从来闲适的诗人，多流于沉寂，往往是淹淹无生趣。若东坡则不然。东坡于闲适中，又带著豪放，所以活泼泼地，一点也不沈寂。我们再看他的豪放生活。

一天，东坡去访宿州教授晁以道，直走到他书斋里，看见壁的许多古画，有一幅是钟隐画的"雪雁"，东坡觉得极好，满口的称赞，也不待主人的许可，就提起笔来，要题字在上面。可是那幅画挂得很高，只得用两张桌子叠起来，立在桌上去题。不知怎样，失了足，从桌子上跌下来，相与拊掌大笑。

东坡的朋友很多，朋友的品类也不一致，任便甚么人，都和他谈得来，而和尚佛印，尤是他的方外好友。原来这佛印和尚，是大解脱大解脱的，喝酒食肉，毫无禁忌。一天，佛印正烹好了一条鱼，在那里吃饭，恰巧东坡去访佛印，还没入门，已嗅著香味，暗想，和尚在吃鱼了，快去分他一些尝尝，不要让他独享美味。一面想着，一面走进去；那佛印听见脚步声，知有人来，忙把一口磬拿来，翻过来盖在盛鱼的碗上。回头一看，知是东坡，虽然不必避他，却也落得把鱼藏起来，免得他要分吃，所以把鱼藏过之后，装出很镇静的样子，只拿了一碗淡饭吃。却不料这把戏已被东坡看清楚了，走了进来，故意的装着不知；佛印请他坐下，说道："遇着吃饭时，就在这里便饭罢！可惜没有菜！"东坡道："不要紧！不要紧！刚刚肚子饿了，就是淡饭也好。"佛印没法，只好叫小和尚另盛出一碗淡饭来，自己也陪他吃淡饭。东坡吃了一回，忽然想起：佛印前几天曾托他写一副联语，预备送给某施主的，东坡就借题目和佛印为难。东坡道："你前几天不是托我写一副联么？我还没有写。实在想不出适宜的句子。因为这副联是送给某善士的，一定要切到'善'字做。"佛印道："是啊！"东坡道："有一句成语叫做'积善之家'……下面还有三字，已忘记了，竟想不起。"佛印道："下面三字是'庆有余'。"佛印才说完这话，东坡便大笑道："原来'磬有鱼'，（编者按，磬与庆同音。鱼与余同音。）何不拿出大家同吃？"佛印被他这样一说，弄得没法，只好把磬底下的鱼拿出来大家同吃了。

东坡和佛印同游，每苦佛印贪吃，所有酒食，被他吃得太多。一天，东坡约了黄山谷游湖，有意不让佛印知道，免得他又来打扰。却不料佛印神通广大，他们不让他知道，他已先打听得清楚了，趁着东坡、山谷还没有下船时，他便先去躲在船舱里。东坡、山谷下船来，全不知道。把船开到了湖心，东坡道："今天佛印不在座，我们的酒肴不怕不彀吃！"佛印在舱里听见，暗暗好笑，只是不做声。东坡、山谷发起行酒令，共说四句：后二句须出于"四书"，（参看按语。）而且两句同样，又要末一字是"哉"字。前二句是即景。东坡先说道："浮云拨开，明月出来，天何言哉！天何言哉！"山谷接着说道："浮萍拨开，游鱼出来，得其所哉！得其所哉！"佛印在舱里听见，再也忍不住了，一面揭着船板走出来，一面大声说道："船板拨开，佛印出来，人焉廋哉！人焉廋哉！"东坡、山谷不觉大惊；佛印就夺了酒肴，大嚼一顿，东坡、山谷无奈他何。

　　按，这个故事，真可以代表豪放者的生活，也是十二分有趣的。编者当然不舍得把他丢掉。但是仔细一想，故事虽然有趣，但未必真是东坡的故事。何以见得呢？因为他们行的酒令，后二句须出于"四书"云云，在东坡时没有"四书"的名称，"四书"的名称，是到朱子以后才有的，所以这个未必真是东坡的故事。也有人说：可以是东坡的故事，只不过"四书"二字，是后来记载如此说的，所以不能根本否认。我说：如此，仍有可疑。因为"天何言哉"、"人焉廋哉"是出于《论语》，"得其所哉"是出于《孟子》，东坡时《孟子》还没有盛行，并非人人必读之书，更不应与《论语》并重。他们的令，限定要出于《论语》和《孟子》，似乎和当日的情形不合。所以仍是可疑。不过我们现在取他有趣，姑且把他记在这里罢。

东坡的豪放生活，也有在他自述的话里可以看出的：

> 刘伯伦（即刘伶）尝以锸自随，曰："死即埋我。"苏子曰，伯伦非达者也。棺椁衣衾，不害为达；苟为不然，死则已矣，何必更埋？

> 余尝寓居惠州嘉祐寺，纵步松风亭下，足力疲乏，思欲就床止息，仰望亭宇，尚在木末，意谓如何得到？良久忽曰：此间有甚么歇不得处？由是心若挂钩之鱼，忽得解脱。若人悟此，虽两阵相接，鼓声如雷霆，进则死敌，退则死法，当恁么时，也不妨熟歇。

东坡的豪放的生活，在这两则短文里，已写出一二了。而在他的词里，写得更充份。《水调歌头·丙午中秋欢饮达旦大醉作此篇兼怀子由》云；

> 明月几时有？把酒问青天。不知天上宫阙，今夕是何年？我欲乘风归去，又恐琼楼玉宇，高处不胜寒！起舞弄清影，何似在人间。　　转朱阁，低绮户，照无眠。不应有恨，何事长向别时圆？人有悲欢离合，月有阴晴圆

缺，此事古难全！但愿人长久，千里共婵娟。

把酒问青天，问他几时有明月？欲乘风归去，归到天上的琼楼玉宇。这样的口吻，是旧诗家所说的"诗杂仙心"。这一点东坡和太白是相同的。人家称太白为李谪仙，又称太白是仙才，而于东坡也称坡仙，就是个缘故。

东坡的著名的"大江东去"，固然是取著一个好题目，却是这个题目，也恰和东坡的豪放的性情相宜，同是这个题目，在他人也做不出这样的词来。所谓"大江东去"，就是他的《念奴娇·赤壁怀古》词。词道：

> 大江东去，浪淘尽、千古风流人物。故垒西边，人道是、三国周郎赤壁。乱石崩云，惊涛拍岸，卷起千堆雪。江山如画，一时多少豪杰！　遥想公瑾当年，小乔初嫁了，雄姿英发。羽扇纶巾，谈笑间，樯橹灰飞烟灭。故国神游，多情应笑我，早生华发。人间如梦，一尊还酹江月。

我们读了这一首词，就可想见东坡的豪情逸兴了。

第八章　东坡的恋爱生活

　　大概凡是一个诗人，必是一个沈浸于恋爱中者。只要把"诗人"二字的头衔加在这个人的姓名上，这个人至少有一页半页的情史，多的也许可以写几大本。这也难怪！因为诗歌的职务，就是写情，情歌居诗歌中的重要部分，所以"诗人就是情人"，这句话已是千真万确的了。

　　东坡既然是个诗人，是个著名的诗人，那么，在他的全段生活史中，至少有若干节是"恋爱生活"。不过，东坡的恋爱生活，和李义山、元微之、杜牧之等人的恋爱生活，完全不同。他也"未免有情"，然不是沈没在情海中；是能由情海的此岸，渡到情海的彼岸。他也知"情之所钟，正在我辈"，然不是被情的监牢所关住了；是能从这扇门走进情的监牢，又从那扇门走出来。所以，说他的生活中没有恋爱生活的一段，也可；说有恋爱生活的一段，也可。

　　我们试先读东坡的《蝶恋花》词道：

花褪残红青杏小。燕子飞时，绿水人家绕。枝上柳棉吹又少，天涯何处无芳草。　　墙里秋千墙外道，墙外行人，墙里佳人笑。笑渐不闻声渐悄，多情却被无情恼。

我们读了这首词，觉有怎样的感触？恍惚又是要读，又是读不下去。无怪朝云当日歌不成声了。

原来朝云是东坡的如夫人，东坡贬谪在惠州时，常常叫朝云唱这一首词，但是唱到"枝上柳棉"一句，便掩抑惆怅，如不自胜。东坡问她为甚么如此？他答道："我所不能唱完的，就是'天涯何处无芳草'一句。"

我们读完了这一段小小的故事，就可以知道东坡当是怎样的惆怅。我们现在再说一说朝云的身世。朝云姓王氏，本是钱塘名妓，东坡守杭州时，很爱怜他，就娶他做如夫人。他初不识字，既归东坡，教他学书法，也渐能作楷书。生有一子，名叫幹儿，不到周年，就夭折了。后来东坡被贬谪到惠州去，姬妾们都纷纷散了，独有朝云不避蛮烟瘴雨，相从于万里之外。东坡赠他的诗云：

不似杨枝别乐天，恰如通德伴伶玄。阿奴络绣不同老，天女维摩总解禅。经卷药炉新活计，舞衫歌扇旧因缘。丹成逐我三山去，不作巫阳云雨仙。

东坡在惠州不多几时，朝云就死了。他在病重的时候，口念《金刚经》四句偈而绝。东坡把他葬在惠州栖禅寺松林中，和大圣塔相对。东坡作诗追悼他道：

> 苗而不秀岂其天，不使童乌与我玄。驻景恨无千岁药，赠行惟有小乘禅。伤心一念偿前债，弹指三生断后缘。归卧竹根无远近，夜灯勤礼塔中仙。

又作《西江月》词咏梅以寓意道：

> 玉骨那愁瘴雾，冰肌自有仙风。海仙时遣探芳丛，倒挂绿毛么凤。　　素面翻嫌粉涴，洗妆不褪唇红。高情已逐晓云空，不与梨花同梦。

这一重公案，可算是东坡的恋爱故事，也可算是一段伤心史。却是东坡遇着这样伤心的事，他还能作达观，诗词中大半是旷达语；这就是前面所谓他不沉没在情海中，能由情海的此岸渡到彼岸，不被情的监牢所关住，能从这扇门走进情的监牢，又能从那扇门逃出来。

东坡在杭州时，一天和刘贡父同游西湖，在西湖心遇见一只小艇子，艇子上坐着一个妇人，请和东坡相见，自己陈述身世；说是从小便仰慕东坡的才名，然而身为处女，不便求见，现在嫁为民家妇了，可以不怕嫌疑，故来求一面之缘。他又说，他会弹筝，愿献一曲，并求东坡赐他诗词，藉作纪念。

　　他说完，就叮叮咚咚弹起筝来。一曲既罢，东坡的《江城子》的词也做成了。词云：

　　　　凤凰山下雨初晴，水风清，晚霞明，一朵芙蓉、开过尚盈盈。何处飞来双白鹭，如有意，慕娉婷。　　忽闻筵上弄哀筝，苦含情，遣谁听？烟敛云收、依约是湘灵。拟待曲终寻问取，人不见，数峰青。

　　这个恋爱故事，是很特别的。我们倘拿冠冕堂皇的评语来批评他，可以说是纯粹的灵的爱，而不杂一丝一毫肉的爱在里面。其实，这事的内容也许未必如此简单，该妇未嫁时，不敢求见东坡，是分明受了礼教和习惯的很紧的束缚。后来已经嫁人了，还忘不了东坡，必求一见，是可知他情感是怎样的热烈。

　　在东坡呢、却早已打破情关了，不把这件事放在心上。恐怕他才把词填完了，他就把这件事忘记了。假使那妇人是有意恋爱他，（这是假使的话。）只可说是"单相思"。

　　再有一个关于东坡的恋爱故事，或说是东坡在黄州时事，或说是东坡在惠州时事。究竟谁说得对，我们只看了下面东坡原词的题目，就可知道。又有人把他认作两件，那更不对了。这故事的大概情形如下：

苏东坡谪黄州，邻家一女子，甚贤，每夕只在窗下听东坡读书。后其家欲议亲，女子云："须得读书如东坡者乃可。"竟无所谐而死。故东坡作《卜算子》以记之。黄太史谓语意高妙，盖以东坡是词为冠绝也。

上面一段话，是宋人袁文《瓮牖闲评》上的原文（卷五）。他只说"故东坡作《卜算子》以记之"，却没有录东坡《卜算子》的原文。另从《东坡乐府》里找那首《卜算子》来，如下：

缺月挂疏桐，漏断人初静。谁见幽人独往来，缥缈孤鸿影。　惊起却回头，有恨无人省。拣尽寒枝不肯栖，寂寞沙洲冷。

这首词的原题是："黄州定慧院寓居作。"

这可证明是在黄州时的事，可是《瓮牖闲评》说东坡在黄州时事，是不错的。却是元人林坤的《诚斋杂记》说，是东坡在惠州时的事。他的原文道：

惠州有温都监女，名超超，颇有色，年十六，不肯嫁人，闻子瞻至，喜谓人曰："此吾婿也。"每夜闻子瞻讽咏，则徘徊窗外；子瞻觉而推窗，则超超逾垣而去。子瞻从而物色之，温具言其然。子瞻曰："吾当呼玉郎与子为姻。"未几，子瞻过海，此议不谐，其女遂卒。故子瞻思

念之，为作《卜算子》，词中有云："拣尽寒枝不肯栖"，谓其择偶也。（卷下）

袁文和林坤的话，到底那个说得对呢？我以为是袁文的话比较的对。在前面已经说过，东坡词的原题目是"黄州定慧院寓居作"，可知是袁文的话不错了。却是汲古阁刻的《苏词》，又根据《诚斋杂记》的话，拿他做题目，那又很容易使人误会了。

究竟恋爱生活，不是东坡生活中重要的一部分。所以他的词，须要关西大汉，执铁绰板，唱"大江东去"，而与柳永的词只好十七八女孩儿按执红牙拍歌"杨柳岸晓风残月"是绝不相同的。他的词是如此，他的诗也是如此，他虽然是个诗人，他虽然有许多的艳遇，但他是过不惯"卿卿我我"的恋爱生活的。

第九章　东坡的慈爱生活

　　东坡虽然喜吃烧猪肉，羡慕黄州的鱼味美，但是他对于动物的生命，也很爱惜。这大概受了他母亲程夫人的影响。据他《记先夫人不残鸟雀》那篇文说：

　　　　少时所居书堂前，有竹柏杂花，丛生满庭。众鸟巢其上。武阳君恶杀生，儿童婢仆，皆不得捕取鸟雀。数年间，皆巢于低枝，其鷇可俯而窥。又有桐花凤，四五日，翔集其间。此鸟羽毛，至为珍异难见，而能驯扰，殊不畏人。间里间见之，以为异事。此无他，不忮之诚，信于异类也。

　　　　有野老言："鸟雀巢去人太远，则其子有蛇鼠狐狸鸱鸢之忧。人既不杀，则自近人者，欲免此患也。"由是观之，异时鸟雀巢不敢近人者，以人为甚于蛇鼠之类也。"苛政猛于虎"，信哉。

这一篇短文，描写鸟雀喜欢和人们亲近，及人类残害鸟雀是怎样的恶毒惨酷，可以说描写得很深刻。他从儿时受了这种教训，当然是养成了一种爱惜物命，不肯任意残杀之心，他后来学佛，少不得也听得许多戒杀的话；他虽然不是个完全"素食主义"者，却是常常把爱惜物类的一片慈爱之心，写在诗里。如云：

秋来霜露满东园，芦菔生儿芥有孙；我与何曾同一饱，不知何苦食鸡豚！

我们读了这一首诗，觉得他慈爱之心，溢于言表。他再有四句诗，说得很爽快：

钩帘归乳燕，穴纸出痴蝇。为鼠常留饭，怜蛾不点灯。

这更不是诗人的诗，乃是释氏的偈。虽然他说，"不可食无肉"，虽然他曾说，"长江绕郭知鱼美，好竹连山觉笋香"，好像他是个老饕；其实他是一个爱惜物类的慈善家，至少是一个赞成"素食主义"者，虽然他不能彀实行素食。

第十章　东坡的诙谐生活

　　大抵绝顶聪明的人，都善于说笑话；因为他的见解是超过普通人的，他的庄言正论，非常人所能领会，于是遇著俗不可耐的人，只好拿诙谐来对付他。这是聪明人善于说笑话的一个原因。聪明人的见解，既超过常人，那么，他对于世上一切的事，都不满意，却是一个人的力量，又拗不过全社会的势力，满腹牢骚，无从发泄，于是他所走的路，只有两条：一条是"厌世"，一条是"玩世"。像屈原，就是走的第一条路，像东方朔，就是走的第二条路。后来无数的聪明人，都是走这两条路的。这是聪明人善于说笑话的第二个原因。而且笑话也只有聪明人能说；寻常一句话，到了他口里，便变了十分有趣的笑话；反转来说，本来是一句笑话，到了笨钝的人口里，也变成枯燥无味了。这是聪明人善于说笑话的第三个原因。

　　东坡，当然是个绝顶聪明人，那么，说笑话，也是他的拿手好戏。他不但是善于说笑话，他还能拿说笑话的口吻去做文章。因此，他的诗和文里，往往充满了诙谐的色彩。他自己评他的文章道：

虽嬉笑怒骂之辞，皆可书而诵之。

这可见他的诗文的特色是怎样了。

东坡的诙谐语，见于当时人的记载的很多。我们随便拣几条记在这里，每一阅读，虽在六七百年后，犹可见他掀髯纵谈，四座绝倒的光景。

一天，有个自命为诗人的某某，拿了一首诗送给东坡看。题目是"咏竹"。诗中有两句道："叶垂千口剑，干挺万条枪。"东坡看罢，大笑道："诗虽好，可惜是十根竹竿，一个叶子。"那人面红耳赤而退。

照他的诗说，上句是一千个叶子，下句一万条干，岂不是如东坡所说的十根竹竿一个叶子么！照文学说，原不必拘定要和算学相合；但是那人的诗，实在做得大恶劣了，却不自知恶劣，拿给东坡看；东坡若说他不好，他未必肯服，被东坡这样一说，他不得不面红耳赤了。却也亏得东坡想得出这一句话。

东坡有一天赴一个富家的宴会。富翁的姬妾，有十几个人，一个个都是能歌善舞，姿色技艺，无不双绝。独是其中有一人名叫媚儿，容貌虽还生得不差，却是躯干伟大，有赳赳武夫的模样。偏偏那些身材苗条的，不很为富翁所钟爱；

而富翁独具只眼，最爱媚儿。这一天，席上歌舞罢了，富翁就拿出纸笔，替媚儿向东坡求诗。当然是想东坡称赞他几句，好夸耀于他人。在东坡，却是一个难题目了。描写得不切，那诗有甚么价值！他想了一想，才写成四句道："舞袖翩跹，影摇千尺龙蛇动。歌喉宛转，声撼半天风雨寒。"媚儿得了这样的赠言，也只有面红耳赤而已。原来"影摇千尺龙蛇动，声撼半天风雨寒"，本是石曼卿咏松的诗，东坡借来用的。

元祐时东坡在朝，和公卿论政，往往意见不合，就任意狎侮人家，人家也无奈他何。独是对于司马光，不敢有轻侮之词。只有一天，议论不合，罢朝而归，方解带宽衣时，一面大呼"司马牛！司马牛！"只这"司马牛"三字，很可想见他的风趣。

东坡和王荆公（安石）意见本来不大对，议论往往相左。荆公好以己意说字，只是望文生义，毫无根据。东坡尝拿"坡"字问安石道："这个字是何所取义？"安石道："'坡'是土之皮。"东坡答道："照这样类推，可说'滑'是水之骨。"安石默然不能答。

安石又说："用竹鞭马，作笃笃之声，故'笃'字从'竹'从'马'。"东坡听见此说，笑道："'笑'字从'竹'，从'犬'，（按指草书）用竹鞭犬，有甚么可笑？"东坡又道："'鸠'字从'九'从'鸟'，也有证据。《诗经》上说：'鸤鸠在桑，其子七兮'，和爹和娘，恰是九个。"

东坡和刘贡父是极好的朋友，大家聚在一起，无非说笑话解闷。你一句，我一句，各不相让。东坡一天对贡父说："少年时和舍弟一同读书，每天只吃三白，却也觉得很有味。不知道人间有甚山珍海错。"贡父问道;"甚么叫三白？"东坡道："一撮盐，一碟生萝卜，一碗饭。这就是三白。"贡父闻言大笑。过了许多的时候，东坡已把这句话忘记了，却是贡父还把这句话记在心里，有意要和东坡相戏。一天，写了一张帖子，请东坡吃"皛饭"。东坡接着帖子一看，就呆了，不知道"皛饭"是甚么东西。明知是贡父有意和他开玩笑，然究竟猜不出"皛饭"二字是甚么用意。也只好怀疑赴会。到贡父家里，坐定以后，饭拿出来了，只见是萝卜盐饭。东坡才恍然大悟。饭吃完了，临别，东坡对贡父道："明日可到我家吃'毳饭'。"贡父又被他弄呆了，不知"毳饭"又是甚玩意儿。明天，贡父到东坡家里，东坡只和他闲谈，老不拿出饭来吃。贡父有些饿了，就催东坡开饭。东坡慢慢的答道："等一回儿。"过了一回，贡父又催，东坡还是答道："等一回儿。"又过了一回，贡父实在饿得忍不住了。只好再催。东坡道："盐也毛，（编者按：毛，音模。意思是无。）萝卜也毛，饭也毛，非毳而何？"贡父大笑，才知道他是报复昨天的戏谑。于是才拿出饭来吃，尽欢而散。按，这个故事，许多书上是说刘贡父和苏东坡的故事，却是在《高斋漫录》上，刘贡父作钱穆父。究竟是刘是钱，我们可不必去考，总之重要的角色是东坡，是大家一样如此说的。我们现当他是东坡的故事看，其他配角，刘贡父也好，钱穆父也好，我们只看了这个故事，可以知道东坡的诙谐生活是怎样了。

又有一天，刘贡父请客，东坡也在座。吃了一半，东坡因为有事要先回去，贡父就出一个对子道："幸早里，且从容。"原来这是一个谐音的对子。"幸早里"（里今作哩）谐作"杏枣李"，是三个果子名；"从容"，是一味药名。东坡不假思索，立刻答道："奈这事，须当归。""奈这事"谐作"奈橘柿"，是三个果子名，"当归"，是一味药名。恰和贡父的话针锋相对，一点不差。

刘贡父晚年，患了风疾，须眉都落掉了，鼻梁也差不多要断了。一天，东坡和他的朋友在一起喝酒，贡父也在座，大家各引古语为戏。依次说过，挨到东坡，东坡就套了《大风歌》的老调道："大风起兮眉飞扬，安得猛士兮守鼻梁。"满座大笑。贡父只好恨在心里。这虽是说笑话，却未免太使朋友难为情了。

东坡整日价这样的信口诙谐，看起来好像是没意识的油腔滑调，其实是不然。他这样的诙谐，另有不得已的苦衷，就是前面所说的，满腹牢骚，无从说起，借着笑话发泄发泄。我们只看下面记的一段东坡的故事，就可以知道了。

一天，东坡在吃过饭后，扪着肚子散步，一面问他的婢女们："可知道我肚子里是甚么？"一个道："满肚子都是文章。"东坡道："不是！不是！"又一个道："满肚子都是机械。"东坡道："不是！不是！"又一个道："满肚皮不合时宜。"东坡无言，捧着肚子大笑。他虽然不曾说明这话是对的，但是他已默认了。

我们只看"满肚皮都是不合时宜",可知他平日所说的笑话，都是由这"不合时宜"变出来的，岂是寻常油腔滑调所能比拟的么？

东坡平日的谈论，是这样的诙谐，他把这种诙谐的话，放在文章里，就成了他的文章的一种特色。如《闻子由瘦》的诗云：

> 五日一见花猪肉，十日一遇黄鸡粥。土人顿顿食薯芋，荐以熏鼠烧蝙蝠。旧闻蜜唧尝呕吐，稍近虾蟆缘习俗。……

这可见他诙谐风味的一斑。他又有诗道：

> 可使食无肉，不可居无竹。无肉令人瘦，无竹令人俗。……

这诗也很诙谐，读之令人失笑。但是后来有人加上两句道：

> 若要不瘦又不俗，除非天天笋炒肉。

可惜东坡不曾见到这两句诗，倘使见到，定要捧腹大笑一顿。

他的诙谐文章的专书，要算是《艾子杂说》。他是托名一个人名叫艾子的所说的话，大概和周秦诸子的体裁相同。如云：

> 艾子行，出邯郸道上，见二妪相与让路，一曰："妪几岁?"曰："七十。"问者曰："我今六十九，然则明年当与尔同岁矣。"

又一则云；

> 艾子出游，见一妪，白发而衣衰粗之服，哭甚哀。艾子谓曰："妪何哭而若此之哀也?"妪曰："哭吾夫也。"艾子曰："妪自高年，而始哭夫，不识夫谁也?"曰："彭祖也。"艾子曰："彭祖寿八百而死，固不为短，可以无恨。"妪曰："吾夫寿八百，诚无恨，然又有寿九百而不死者，且不恨邪?"

《艾子杂说》这部书，或谓不是东坡作的，是后人假托的，然照我看来，那诙谐的口吻，绝像东坡，应该说是东坡作的。这就是他自己所说的"嬉笑怒骂的文章"了。

第十一章　附录

一　东坡别号表

子瞻

子平　文与可诗："子平谓我所同嗜，万里书之特相寄。"诗题下注云："子平即子瞻也。"

和仲　见苏辙《跋怀素自叙帖》。云："余兄和仲。"编者按：老苏有三子，长子景先，早卒。见欧阳修《墓志》。东坡行二，故字和仲。

东坡居士　因居黄州之东坡而自称。

坡仙　为后世诗人所习称。

坡公　为后世诗人所习称。

狂副使　东坡在黄州自号。有词云："更问樽前狂副使。"

老农夫　东坡在黄州自号。有词云："看取雪堂坡下老农夫。"

秃鬓翁　黄山谷诗："翰林若要真学士，唤取儋州秃鬓翁。"

苏二　黄山谷诗："题诗未有惊人句，会唤谪仙苏二来。"[1]

谪仙　后世诗人称之。[2]

髯苏　见陈允端题《东坡游赤壁图诗》。

大苏　为后世人诗人所习称。

长公　为后世诗人所习称。

髯仙　后世诗人称之。

长帽翁　后世诗人称之。

铁帽道人　见明人笔记。

戒和尚　东坡曾以此自称。见《冷斋夜话》。

二　东坡著述表

《东坡易传》九卷

《东坡书传》十三卷

《苏沈良方》八卷

《仇池笔记》二卷

《东坡志林》五卷

《东坡全集》一百三十卷

《东坡诗注》三十二卷　宋王十朋注。

《施注苏诗》四十二卷　《东坡年谱》一卷,《王注正讹》

---

[1]　编者按：谪仙，原刊误作"诗仙"。

[2]　编者按：如上文所见，苏东坡的门生、好友黄庭坚就已经称其为"谪仙"了。

一卷，《苏诗续补遗》一卷。宋施元之注，清邵长蘅、李必恒补，冯景续注。

《补注东坡编年》诗五十卷　清查慎行注。

《东坡词》一卷

以上《四库》著录。

《艾子杂记》　《顾氏文房小说》本。

《东坡题跋》　《津逮秘书》本。

《经进东坡文集事略》六十卷　宋郎晔注。《四部丛刊》影宋本。

《东坡乐府》六卷　四印斋刊本。

《东坡乐府》三卷　彊村丛书本。

《东坡乐府》六卷　林大椿校刊本。

三　苏门弟子表

黄庭坚，字鲁直，义宁人，号山谷道人。出于苏门，而诗与东坡齐名。

张耒，字文潜，淮阴人。著有《柯山集》。

陆放翁生活

例　言

　　一　陆放翁是宋代的大诗人。凡是稍微研究过诗学的人，没有不知道放翁的。但是知道放翁诗的人很多，知道放翁生活的人，可以说是极少数。本书特将陆放翁一生的经历，给读者做一个总报告。

　　二　本书以极流利、极浅显的文字，将放翁的一生经历，历历叙来，如小说一般，最能够引起读者的兴趣。

　　三　书中特将放翁的家庭生活、宦游生活、任侠生活、爱国生活、乡村生活，以及闲适生活等等，用客观的见解，详为叙述；并取放翁在以上各种生活中所作的诗词，以为佐证，故立论均有根据。

　　四　在《放翁的文学生活》一章中，特将放翁诗的风格和变迁，用归纳的方法，下一个总结的论断。读此一章，便能知道放翁诗的宗派及变化。

　　五　篇末特将放翁的著作，一一举出，以便读者对于放翁的作品，作更进一步的研究。

第一章　绪言

我自从十三四岁时，读《宋元明诗三百首》，读到陆放翁的"衣上征尘杂酒痕，远游何处不消魂；此身合是诗人未？细雨骑驴入剑门"，便很爱这首诗。但还没知道剑门是甚么地方，也不知放翁是怎样的一个人。同时候，对于他的"烟水苍茫西复东，扁舟又系柳阴中；三更酒醒残灯在，卧听萧萧雨打篷"、"午梦初回理旧琴，竹炉重炷海南沈。茅檐三日萧萧雨，又展芭蕉数尺阴"等诗，都很喜欢读。

却是，因环境和学力的关系，只能领会他这一类的诗。其他如"三更抚枕忽大叫，梦中夺得松亭关"、"墨翻初若鬼神怒，字瘦忽作蛟螭僵"等句，虽也见于《宋元明诗三百首》中，在我，却全不能领会他的好处。

后来年纪稍大一点，所读的书也多点；那时候又正遇著大家高唱排满、革命，宋末遗民如谢翱、邓牧、郑思肖等人的诗文，向来没有人注意的，在这时候都次第出现；我在这时候，再读放翁诗，又多能领会一分，而知他的"本意灭虏救河山"一类的诗是很有价值的。

又过了些时候，知道作诗不嫌用俗字，使俗事，而且这样的诗，在诗歌中自有他的价值。于是才知道放翁的"烧灰除芋蝗，送芋谢牛医"，能毂老实写出乡村的风俗来，不但是可供我们的赏鉴，也可供给我们做风俗史料。

这时候，我的年纪已在三十以外了。所读的书也比较的多了，对于放翁的诗可算是更能了解。

但是，所见的放翁的诗，仍不过是《宋诗钞》里的几百首，和极通行的放翁诗的选本，因为他的全集颇珍贵，很不易得（这时还没有《四部备要》本）。而且太多，不容易读完。

在民国十三年，虽然对于放翁诗，曾作过有系统的研究；而放翁的全集，还没有细翻过，只不过略已寓目罢了。

直到最近一年来，才把他的全集细翻一遍，才对于放翁更能了解一些。我至此才知道研究放翁的诗，不十分容易。

于是把我的意见，整理一下，写成这一册《放翁生活》，替初学的人做个"引路者"。读者先读我这本书，而后去研究放翁的文学，比较可以省一些力。将来的成绩，高出于我这册书以上，乃是当然的事了。

这简单的几句话，算是我说明写这本书的缘起，以下便是我的正文了。

第二章　放翁的家庭生活

　　陆游，字务观，自号放翁，宋越州山阴人。他的祖父名叫陆佃，字农师，本是寒士出身，少年力学，映月读书，举进士，官至尚书左丞。放翁父名宰，字元钧，也做了很大的官。到放翁时是所谓"世家"了。

　　陆佃不但是做了大官，而且学问也很好。著有《埤雅》、《春秋后传》、《陶山集》等书。不愧是一位学者。他的父亲虽不及祖父有名，然也是能文之士。放翁生在这样的一个人家，他的家庭生活，应该是很愉快很美满的了。

　　谁知事实却不是如此。一则那时候正是金人南侵、中原板荡的时候。放翁的幼年，差不多全是过的逃难生活。二则他少年时和他的夫人曾留下一页家庭痛史，直使他终身不能忘记。

　　因此，放翁的家庭生活，可算是不幸的生活。

　　原来放翁生于宋徽宗宣和七年（公元一一二五年）。他出世的第二年，金兵便攻破了汴都，掳去了徽、钦二帝，乘胜长驱，向南方打来。那时候中国人逃难的情形，是怎样的颠连困顿，正用不著我一枝秃笔来细细的描写；读者只要感觉到今日的外国人，以武力侵略中国，中国人民是怎样的痛苦，就可以想见当时候的情形。可怜当时候陆放翁就是这些逃难者中间的一个。

他的祖和父本来都因做官的关系，远离乡土，寄居他方；又遇著国家大变，更是流离飘泊，不得安居。到绍兴二三年间，高宗既定都于临安，大局略定，韩世忠和金人开战，常常打胜仗，逃难的人也有所归了。放翁就在这时候跟著他的父亲回到他的故乡山阴。

山阴离开临安不远，当时候所谓"士大夫"常常往来于陆家，和放翁的父亲谈天。每谈到国事，便慷慨激昂的骂起秦桧来。这时候放翁的年纪还小，当然不能加入他们的谈话会，但是在旁边听见这样的话，怎样不感动呢！后来放翁的诗里充满了爱国忧世的热诚，原来他在小时候已养成这一片爱国之心了。

他到后来，把当时候父执们的谈话零零碎碎追记出来，可见得那印象深深的刻在他脑筋里，历久而不忘。

如《跋周侍郎奏稿》云：

> 先君……复自淮徂江，间关兵间，归山阴旧庐，则某少长矣。一时贤公卿与先君游者，每言及高庙盗环之寇，乾陵斧柏之忧，未尝不相与流涕哀恸。虽设食，率不下咽引去。先君归，亦不复食也。……

又《跋李庄简公家书》云：

> 李丈参政罢政归乡里时，某年二十矣。时时来访先
> 君，剧谈终日。每言秦氏，必曰咸阳。愤切慷慨，形于色
> 辞。一日平旦来，共饭，谓先君曰："闻赵相过岭，悲忧
> 出涕。仆不然，谪命下，青鞋布袜行矣。岂能作儿女态
> 邪！"方言此时，目如炬，声如钟，其英伟刚毅之气，使
> 人兴起。……

他描写当时候的贤公卿抵掌剧谈、拍案大叫的情形，使
我们现在读了，犹仿佛如在目前。这固是放翁的妙手，善于
写生，然也是那时候贤公卿的言论丰采，感人至深，才可供
放翁的描写。究竟放翁少年时所过的这样的生活，是愉快
呢？还是悲愤呢？那也就不言而喻了。

如今再说他的家庭痛史。大约在他十九岁二十岁的时候，
娶了他舅父唐闳的女儿为妻。①亲上加亲，当然是很好的事。
放翁和唐夫人的情感也很好。却不知为甚么，这位新媳妇得罪
了他的婆婆，就硬逼著放翁把唐夫人休归母家。放翁虽不以为
然，却是怎敢违抗老母的命令，只得阳奉阴违，把唐夫人另安

---

① 编者按：据学界考证，陆游与唐琬并无亲戚关系（陆游外家系江陵唐
氏，妻家为山阴唐氏），倒是唐琬后夫赵士程与陆游为中表亲（赵氏为宋仁
宗第十女秦鲁国大长公主侄孙，而陆游姨母为大长公主儿媳）。

置在一处地方，常常背著母亲的面，去和他的爱人相会。

这样的事，究竟是不能久瞒的；后来被老太太知道了，就寻著他们吵闹。一次、两次吵闹不休，到底逼著他的儿子和媳妇决绝了，不相往来，才肯罢休。

后来唐夫人也迫于父母之命，改嫁了同郡赵士程。放翁也已续娶了王氏，并已经生男、育女，放翁自己也已有三十多岁了。到这时候，放翁和唐夫人可算是完全断绝了夫妇关系。却不料造物有意和人们开玩笑，硬要叫他们已经离异了的夫妇，再会一面。

一天，放翁在禹迹寺南面的沈园散步，不先不后，唐夫人和他的后夫也在那里。你们想！大家遇见了，是怎样呢？唐夫人和他的后夫都很开通，由唐夫人介绍陆、赵二人相见，不但是丝毫没有芥蒂，而且彼此一同喝酒。这时候的陆放翁，抚今思昔，禁不住伤感起来，就提笔在沈园壁上题了一首《钗头凤》的词：

> 红酥手，黄滕酒，满城春色宫墙柳。东风恶，欢情薄，一怀愁绪，几年离索。错！错！错！　春如旧，人空瘦。泪痕红浥鲛绡透。桃花落，闲池阁，山盟虽在，锦书难托。莫！莫！莫！

这首词虽见于《放翁全集》，但无序，也无题。只不过是《癸辛杂识》说他是为著唐夫人而作的。然《癸辛杂识》为周密所作，此言当非无据。又《耆旧续闻》也记此事，并言唐夫人和词有"人情恶，世情薄"之句。又言不多几时，便忧郁而死。

《放翁全集》中又有《蝶恋花》词云：

> 禹庙兰亭今古路，一夜清霜，染尽湖边树。鹦鹉杯深君莫诉，他时相遇知何处！ 冉冉年华留不住，镜里朱颜，毕竟消磨去。一句丁宁君记取："神仙须是闲人做。"

这首词隐隐约约，也不是和此事无关。只是放翁受著名教的束缚，不肯老老实实把他的本事写出来罢。

放翁的恋爱痛史，除了这一件事而外，再有一件事。据宋、元时人的小说谓：放翁入蜀时，宿驿站中，看见壁上题著一首诗道：

> 玉阶蟋蟀闹清夜，金井梧桐辞故枝。一枕凄凉眠不得，呼灯起作感秋诗。

放翁读了，觉得很好，当然免不了要问是谁作的。询问之后，知道为驿卒女作。放翁为著怜才起见，就娶那驿卒女为妾。这时放翁已续娶王氏了，这位如夫人娶进门来，才过了半年，便为著"醋的问题"，被王氏驱逐出去。女被逐后，作词云：

> 只知眉上愁，不识愁来路。窗外有芭蕉，阵阵黄昏雨。

晓起理残妆，整顿教愁去。不合画春山，依旧留愁住。

就词而论，这是一首凄艳绝伦的词。但究竟是不是陆放翁的故事，再有详考的必要。我这里不过是附带说说罢了。

放翁的恋爱生活，这样的不幸，在一般意志薄弱胸怀逼仄的文人，当此，不是郁郁不自得，以损其天年，便是纵情酒色，以过他的颓废生活。而陆放翁则不然。他的意志坚强，胸怀开展，不肯以儿女柔情，消磨他英雄壮志。这一点不是一般诗人所能毂及他的。

上面把放翁家庭生活大略说完了，如今再说几句关于他的名字的话。他名游，字务观，据《四朝闻见录》（宋人叶绍翁作，《说郛》本）说：他题名有两个原因。其一，因他的母亲梦见秦少游而生他（少游的名字叫观），所以用秦名为字，用秦字为名。其二，因他自己钦慕秦少游之为人，所以用秦名为字，用秦字为名。

放翁，是他在蜀中时自题的别号。是取放荡不拘礼法的意思。

务观的"观"字，本有平去两读。据《四朝闻见录》说：当读平声，而今通读去声云云。可知在宋朝时他的名字的读音已不统一了。

他晚年被封为渭南伯。所以他的文稿题为"渭南文集"。他居蜀中很久，所以他的诗稿以地为名，题作"剑南诗稿"。因此，后来也有人称他为渭南或剑南。

第三章　放翁的宦游生活

　　放翁是个世家子弟。他的祖和父都做著大官，他自己又很能干，当然也要在宦海中讨生活。不过，第一次出马，就遇著一下很重的打击。他少时以荫补登仕郎，二十九岁时，进京应考，考试官荐他为第一，秦桧的孙子秦埙第二。秦桧就老大不高兴。你想！那时候的秦桧，是怎样的势利，惹得他不高兴，还有甚么好事。第二年春天复试于礼部，放翁竟被黜，而那位考试官，也几乎因此得祸。

　　放翁既遭秦桧之忌，终桧之身，没有出头的希望。直等到秦桧死后，才被任为福建宁德县主簿。那时他三十四岁，开始离开他的故乡山阴，往福建去做一个小小的主簿。万里风帆，海天无际，这种自然的壮美，很和他的豪放的性情相宜，他就大做其诗。航海的如《航海》一首云：

　　　　我不如列子，神游御天风；尚应似安石，悠然云海
　　中。卧看十幅蒲，弯弯若张弓。潮来涌银山，忽复磨青

铜。饥鹘掠船舷，大鱼舞虚空。流落何足道，豪气荡肺胸。歌罢海动色，诗成天改容。行矣跨鹏背，弭节蓬莱宫。

这首诗是何等的豪放！中间"卧看十幅蒲"以下六句，尤能切切实实描写出海景来，不是身历其境的人，真不能道。又如《海中醉题时雷雨初霁天水相接也》一首云：

羁游那复恨，奇观有南溟。浪蹴半空白，天浮无尽青。吐吞交日月，澒洞战雷霆。醉后吹横笛，鱼龙亦出听。

这一首诗也不减于王摩诘的"日落江湖白，潮来天地青"、"江流天地外，山色有无中"、"大漠孤烟直，长河落日圆"等名句。但这些都是大自然供给他的诗料。

他在福建做的诗，有很丰富的地方色彩。如"逢人问虚市，计日买薪蔬"，按，"虚"字是闽、越地方的方言，他们称"野市"为"虚"，始见于柳宗元《童区寄传》。又如"烟寺高幡出，山畲一老锄"，按"畲"读作"奢"，火种田为"畲"，见于杜诗，"烧畲度地偏"，又刘禹锡《竹枝词》，"长刀短笠去烧畲"。杜甫、刘禹锡记的都是四川的风俗，陆放翁所记的都是福建风俗。又如"醉吹横笛坐榕阴"，榕树也是广东、福建的特产。放翁往福建去旅行一次，见了这些他从来没见过的东西，也不虚此一行。不过，南方炎热的天气，和他不很相宜。他有"自来福州，诗酒殆废，北归，始稍稍复饮"的话。可见他住在福州时的沉闷。

他北归以后，往来京口、豫章一带，混了几年，又被任为夔州通判。于是他开始旅行到四川。四川这个地方，是著名山川奇险的地方，甚么瞿塘，甚么滟滪堆，甚么巫山十二峰，甚么剑阁；还加起一些司马相如、诸葛武侯、杜工部、薛涛等人的故迹。真是到处有诗意。

> 四月欲尽五月来，峡中水涨何雄哉！浪花高飞暑路雪，滩石怒转晴天雷。千艘万舸不敢过，篙工柂师心胆破。人人阴拱待势衰，谁敢轻行犯奇祸。一朝时去不自由，山腹空有沙痕留。君不见，陆子岁暮来夔州，瞿唐峡水平如油。

这是他描写岁暮天寒，瞿唐峡水落沙浅的情景。

> 千载瀼西路，今年著脚行。匆匆衰已具，渺渺恨难平。绝壁猿啼雨，深枝鹊报晴。亦知忧吏责，未忍废诗情。

这是他过瀼西时所做的一首短诗。"绝壁猿啼雨"一句，令人读了，真所谓"恍如身临其境"。

这一类的诗很多，现在不暇多抄，我们只读了这两首，已可略见一斑。而放翁除了这些诗以外，还有《入蜀记》六卷，用日记体裁，记入蜀行踪，自乾道五年十二月六日得报差通判夔州，六年闰五月十八晚出发起，至十二月二十七止，溯江而上，直到夔州，把几千里的江山，都写入这六卷书里，不愧是一篇很好的游记。如他中间写巫山一叚①云：

> 过巫山凝真观，谒妙用真人祠。真人，即世所谓巫山神女也。祠正对巫山，峰峦上入霄汉，山脚直插江中。议者谓太、华、衡、庐，皆无此奇。然十二峰者，不可悉见，所见八九峰，惟神女峰最为纤丽奇峭，宜为仙真所托。祝史云："每八月十五夜，月明时，有丝竹之音，往来峰顶，山猿皆鸣，达旦方渐止。"庙后山半，有石坛，平旷，传云："夏禹见神女，授巫书于此。"坛上观十二峰，宛如屏障。是日天宇晴霁，四顾无纤翳，惟神女峰上有白云数片，如鸾鹤翔舞裴徊，久之不散，亦可异也。

四川的山水虽然好，但是陆放翁离家万里，做一个小小的通判，俸禄的菲薄，是不消说，前途也没有甚发展的希望，在才高志大的放翁，郁郁居此，那得不使他走到消极悲观的路上去。于是他的诗里就充满了萧瑟的气象。我们试看"食眠屡失身多病，忧愧相乘发易华"，"零落亲朋劳远梦，凄凉乡

---

① 编者按："叚"、"段"二字向来混用，此处应为"段"。

社负归耕", "升沉自古无穷事, 愚智同归有限年", "远游眼底故交少, 晚岁人间乐事稀", "病瘴抛书帙, 思乡泥酒杯", "山川信美吾庐远, 天地无情客鬓衰", 是怎的颓唐萧瑟。这不是放翁的天性如此, 乃是环境逼迫得他如此。

在意志稍为薄弱一点的文人, 就要被这种环境所征服。自古文人受环境的逼迫, 以至于颓唐不振的, 真不可胜数, 说起来真可浩叹。但是陆放翁却能振起精神, 和环境奋斗, 而不甘受环境的支配, 为环境所屈服。他的悲观消极, 只不过是偶然的, 是一时的, 并不是像一般的文人, 略微遇到一点挫折屈抑, 他就故意的向"愁"和"病"、"怀故乡"、"叹飘泊"中讨生活。放翁偶然悲观, 偶然消极, 但一遇到有可以奋兴的机会, 他又乐观起来, 又变为积极。

他做夔州通判任满而后, 时值王炎宣抚川、陕, 就征辟放翁襄理公务, 放翁往来四川、陕西之间, 虽然长途顿困, 却是他的志愿能觳稍微伸一点, 他就恢复了他的豪气。我们只读他那时候在鼓楼铺所作的一首诗, 就可以知道了。

书生迫饥寒, 一饱轻三巴。三巴未云巳, 北首趋褒斜。匆匆出门去, 裘马不复华。短帽障赤日, 烈风吹黄沙。傲装先晨鸡, 投鞭后昏鸦。壮哉利阆间, 崖谷何谽谺! 地荒多牧卒, 往往闻卢笳。我行春未动, 原野今无花。稚子入旅梦, 挽须劝还家。起坐不能寐, 愁肠如转车。四方丈夫事, 行矣勿咨嗟!

这首诗是何等的豪放。和前面困居在夔州通判任上做的诗大不相同了。中间虽说"稚子入旅梦，挽须劝还家；起坐不能寐，愁肠如转车"，但是赶紧接下就说："四方丈夫事，行矣勿咨嗟！"我们读者要注意放翁的诗格，常有变化，而这次川陕之行，也是他诗格变化的一个关键。我们再看他在南郑马上作的诗是怎样：

南郑春残信马行，通都气象尚峥嵘。迷空游絮凭陵去，曳线飞鸢跋扈鸣。落日断云唐阙废（自注：德宗诏山南比两京），淡烟芳草汉坛平（自注：近郊有韩信拜大将坛）。犹嫌未豁胸中气，目断南山天际横（自注：城中望见长安南山）。

再看他题吴太尉画云山亭诗，是怎样：

参谋健笔落纵横，太尉清樽赏快晴。文雅风流虽可爱，关中遗虏要人平。

放翁在这个时期，过的都是尚武任侠的生活，做的诗也都是尚武任侠、忧时爱国的话。我们在下面另有两章去说他，这里暂不多说。

且说放翁往来于川、陕间数年，后来被任摄荣州事，又遇著范成大来做蜀帅，就被辟为参议官。我们说到这里，就要连带说几句关于范成大的话了。

范成大，字致能①，号石湖，吴县人。绍兴间曾出使于金，官至资政殿大学士。他的诗也很有名。在南宋时卓然自成一家，后人又把他和东坡、山谷、放翁并称，谓之苏、黄、范、陆。著《石湖集》三十四卷。

放翁既是个诗人，石湖也是个诗人，二人志同道合，自然很谈得来。放翁做他的参议官，当然和一般的小属员伺候上司不同。况且石湖又很开通豁达，和放翁只讲文字的交情，把官场的礼节完全丢掉了不讲。当然有一般眼光小于豆的迂腐书生，和一般卑鄙龌龊的官僚，看了放翁这样，觉得碍眼，就任意的讥讽攻击，说他狂放。

可是石湖和放翁那里肯理会他们这一班的话，依然是不拘礼节如故。人家说他狂放，他就索性自认为狂放，因此就自号放翁。我们今日所通称的放翁二字，就是这位诗人在这个时候自题的别号。放翁自认为放，人家也无奈他何了。

放翁在做范成大参议官时，过的是愉快的生活。我们只看他在那个时期所做的诗就可以知道。如《成都书事》云：

剑南山水尽清晖，濯锦江边天下稀。烟柳不遮楼角断，风花时傍马头飞。苞羹笋似稽山美，研脍鱼如笠泽

---

① 编者按：据今人考证，"致能"系误传，范成大字至能。陆游诗文中曾多次提及"范至能"。

肥。客报城西有园卖，老夫白首欲忘归。

又云：

大城少城柳已青，东台西台雪正晴。莺花又作新年梦，丝竹常闻静夜声。废苑烟芜迎马动，清江春涨拍堤平。尊中酒满身强健，未恨飘零过此生。

又《上元》云：

细细香尘暗六街，鱼鳞浅碧暮云开。新妆褰幕全身见，误马随车一笑回。酒酽顿忘风力峭，夜长犹恨漏声催。京华旧侣凋零尽，短鬓成丝心未灰。

又云：

病起衰颜非昔红，偷闲聊与少年同。一规寒玉挂楼角，千点华星来坐中。久成遗民虽困弊，承平旧镇尚繁雄。归时瘦马崔嵬影，定有游人笑此翁。

　　像这样的诗，在这个时期，他做得很多，所描写的都是赏花、饮酒、听歌、看灯的生活，所赞美的都是成都繁华的景物。我们读了这些诗，可以知道他的生活的愉快。

他说:"久戍遗民虽困弊,承平旧镇尚繁雄。"可见当时候的宋朝,虽然偏安江左,苟且图存,然而四川和中原隔绝,全没受到兵事的影响,依然是过他们的太平日子,除了京华之外,要算是中国第一个繁华地方。放翁说:"客报城西有园卖,老夫白首欲忘归。"好像和"此间乐不思蜀"一样的论调,是未免说得太过一点,然也是他率直坦白的话,在文学里说,毕竟是可取的。

他在这时候,再有《花时遍游诸家园》绝句十首,颇为后人传诵。其中"乞借春阴护海棠"一首尤为著名。今因篇幅有限,不能多抄,然又舍不得不抄,只好抄四首如下:

> 看花南陌复东阡,晓露初干日正妍。走马碧鸡坊里去,市人唤作海棠颠。
> 为爱名花抵死狂,只愁风日损红芳。绿章夜奏通明殿,"乞借春阴护海棠"。
> 宣华无树著啼莺,惟有摩诃春水生。故老能言当日事,直将宫锦裹宫城。
> 海棠已过不成春,丝竹凄凉锁暗尘。眼看燕脂吹作雪,不须零落始愁人。

这几首诗的题目,叫做"花时遍游诸家园",题目中的一个"花"字,其实就是"海棠花"三字的简称。这种习惯,在中国文学里是常有的。如唐人称牡丹花只简称作"花",吴、越人称桑叶只称作"叶"。放翁这里称海棠花只称作"花"，正是一例。试看他的十首诗中，不是首首都是说海棠么（原有十首，今选四首）！海棠花本是四川的名产，非他处所能比，值得放翁这样的称赞。

四川山水灵秀所钟，草木也多奇品，当时候为放翁为赏识的，除了海棠之外，再有天彭牡丹。放翁集中有《天彭牡丹谱》一卷。中有"牡丹，在中州，洛阳为第一；在蜀，天彭为第一"云云。可想见其名贵。这谱当然是放翁在蜀时所作。中分"花品序"、"花释名"、"风俗记"等篇。于花品有"状元红"、"祥云"、"紫绣球"、"乾道紫"、"禁苑黄"、"庆云黄"、"玉楼子"、"刘师哥"、"欧碧"、"转枝红"等六十六品。我们现在无暇细读他的原书，但是略写这几个艳丽的名称在这里，也可以算"过屠门而大嚼，虽不得肉，贵且快意"。我们又想到放翁当时候磨墨裁笺，细细的替花作谱，商量品题，是怎样的闲情逸致。

这一个时期，确是放翁生活很愉快的一个时期。他不但在当时充份的做诗来描写，就是在过后也有诗来追忆。如《怀成都十韵》云：

放翁五十犹豪纵，锦城一觉繁华梦。竹叶春醪碧玉壶，桃花骏马青丝鞚。斗鸡南市各分朋，射雉西郊常命中。壮士臂立绿绦鹰，佳人袍画金泥凤。椽烛那知夜漏残，银貂不管晨霜重。一梢红破海棠回，数蕊香新早梅动。酒徒诗社朝暮忙，日月匆匆迭宾送。浮世堪惊老已成，虚名自笑今何用。归来山舍万事空，卧听糟床酒鸣瓮。北窗风雨耿青灯，旧游欲说无人共。

　　他在成都过这样的生活过了几年，到五十四岁时，离蜀东归，被任为建安通判，他乃第二次入闽。[①]后来又在抚州、严州任上混了几年，被孝宗召见，很称赞他几句，叫他修三朝国史实录，升宝章阁待制。[②]晚年家居，只领著"祠禄"，维他全家的生活，但期满之后，也不再乞取。所以晚年的生活是很穷的，但同时饱享著乡村的乐趣。那种生活，别有值得赞美处，而他的诗格也就再变了。我们往下去，暂且慢说他的乡村生活，先补说一下他的尚武爱国的生活。

---

① 　编者按：据于北山《陆游年谱》，淳熙五年（一一七八年），陆游五十四岁，得孝宗召对，除提举福建常平茶盐事。

② 　编者按：此处"孝宗"应为"宁宗"之误。据于北山《陆游年谱》，嘉泰二年（一二〇二年），陆游七十八岁，朝廷于五月以孝宗、光宗两朝实录及三朝史未就，宣召以原官提举佑神观兼实录院同修撰兼同修国史，免奉朝请，十二月除秘书监；嘉泰三年正月，除宝谟阁待制。陆游官至宝章阁待制之说，其误可能袭自《宋史》本传。据《宋史·职官志》，宝谟阁待制嘉泰二年置，而宝章阁待制则迟至宝庆二年（一二二六年）始置，其时陆游去世已十六年。查陆游《渭南文集》，有《除宝谟阁待制谢表》（卷一）、《除宝谟阁待制举曾黯自代状》（卷五）、《除宝谟阁待制谢丞相启》（卷十二）等文。

第四章　放翁的任侠生活

　　说到任侠尚武，乃是放翁的一种天性。据宋人叶绍翁的《四朝闻见录》说：

> ……天资慷慨，喜任侠，常以踞鞍草檄自任。且好结中原豪杰以灭敌。自商贾、仙释、诗人、剑客，无不遍交游。宦剑南，作为歌诗，皆寄意恢复。书肆流传，或得之，以御孝宗。上乙其处而题之。……或疑其交游非类，为论者所斥。上怜其才，旋即复用。……

　　这几句简单的话，能活写出一幅少年喜事的放翁小像来。我们再在他的诗歌里，看他的自述是怎样。如《夜读兵书》云：

> 孤灯耿霜夕，穷山读兵书。平生万里心，执戈王前驱。战死士所有，耻复守妻孥。成功亦邂逅，逆料政自疏。陂泽号饥鸿，岁月欺贫儒。叹息镜中面，安得长肤腴。

又如《书事》云：

生长江湖狎钓船，跨鞍塞上亦前缘。云埋废苑呼鹰处，雪暗荒郊射虎天。醁酒芳醇偏易醉，胡羊肥美了无膻。扬州虽有东归日，闲置车中定怅然。

又如《宝剑吟》云：

幽人枕宝剑，殷殷夜有声。人言剑化龙，直恐兴风霆。不然愤狂虏，慨然思退征。取酒起酹剑，至宝当潜形。岂无知君者，时来自施行。一匣有余地，胡为鸣不平！

又如《塞上曲》云：

三尺铁如意，一枝玉马鞭。笑把出门去，万里行无前。当道何崔嵬，云是玉门关。方当置屯守，征人何时还？马色如杂花，铠光若流水。肃肃不敢哗，遥望但尘起。日落戍火青，烟重塞垣紫。回首五湖秋，西风开茭菲。

又如《对酒叹》云：

镜虽明，不能使丑者妍；酒虽美，不能使悲者乐。

男子之生，桑弧蓬矢射四方，古人所怀何磊落！我欲北临黄河观禹功，犬羊腥膻尘漠漠。又欲南适苍梧吊虞舜，九疑难寻眇联络。惟有一片心，可受生死托。千金轻掷重意气，百舍孤征赴然诺。或携短剑隐红尘，亦入名山烧大药。儿女何足顾，岁月不贷人。黑貂十年弊，白发一朝新。半酣耿耿不自得，清啸长歌裂金石。曲终四座惨悲风，人人掩泪无人色。

这些诗都是他自述任侠尚武的天性。有的是少年家居时作的，有的是往来于川、陕参预戎幕时作的。不一定如叶绍翁所说宦游剑南以后，才有这样的诗；但是以宦游剑南以后，这样的诗才多。

他虽不曾亲自出马打过仗，但是他在川、陕时，参预戎幕，曾经弃儒冠而著戎装。读他的《嘉州大阅诗》就可知道。所谓"大阅"，就是现在所说的"阅兵"、"阅操"。他的诗云：

陌上弓刀拥寓公，水边旌旆卷秋风。书生又试戎衣窄，山郡新添画角雄。早事枢庭虚画策，晚游幕府愧无功。草间鼠辈何劳磔，要挽天河洗洛嵩。

他再有《成都大阅》云：

千步球场爽气新，西山遥见碧嶙峋。令传雪岭蓬婆外，声震秦川渭水滨。旗脚倚风时弄影，马蹄经雨不沾尘。属橐缚袴毋多恨，久矣儒冠误此身。

他在嘉州大阅时，曾经一试戎装；在成都大阅时，又一试戎装。他又有《蜀州大阅》诗云："晓束戎衣一怅然。"可见他戎装跃马，乃是常事；虽然不能觳说他就是赳赳武夫，但至少可以说他有一点尚武的精神。

放翁的诗里，又常常说起刺虎的事，如云："射虎临秦塞，骑驴入蜀关"，如云："千年老虎猎不得，一箭横穿雪皆赤"，如云："挺剑刺乳虎，血溅貂裘殷"，像这样的诗很多。以前的人都没有把他看成一件实事，近日苏雪林女士作《陆放翁传评》，说这是放翁自鸣得意的一件事，所以把他常常放在诗里说。这话很有见地，我们很可再加以研究。

总之，放翁在川、陕时驰马、试剑、呼鹰、驱狗，往深山中打猎，是有的。刺虎的事，究竟是不是事实，也可成一问题。而任侠尚武的生活，确能在放翁的生活史中占一大部分。

第五章　放翁的爱国生活

　　我们说到放翁的爱国生活，就不得不先把"爱国"二字解释一下。倘然在世界大同、民族平等以后，那么，这狭义的"爱国"二字，是不能成立的。不过，如今还没有到那一天。

　　在放翁时代，所谓外国的地方，在今日看起来，也是在中国的范围以内；不过，在他那时候，确是外国，确是以武力压迫中国，侵掠中国，恰和今日的帝国主义者对待中国一样。

　　放翁是个有血性的男儿，是个任侠尚武的堂堂大丈夫，看见他的祖国被外族蹂躏、欺侮；而所谓中国的士大夫，又一个个以议和为得计，只以偏安为长策，歌舞湖山，粉饰太平；他怎样愤慨！

　　"山外青山楼外楼，西湖歌舞几时休；暖风薰得游人醉，直把杭州作汴州。"这一首诗，描写他们偷安的情形，可谓淋漓尽致。整个的中国，已被外国人占去半个，堂堂中国的皇帝，被金人掳去；但是一班如麻木了一般的中国人，毫不把他放在心上，只知保守着东南半壁，过一天算一天，快乐一天是一天；这样的腐化的情形，叫热血腾沸、侠骨嶙峋的放翁，如何看得惯！

所以他的诗歌里，就充满了这些"驱虏"、"杀贼"、"恢复中原"、"驱除国贼"的话。这就是所谓爱国思想的表现。这就是所谓爱国生活了。

我们看他的爱国思想是怎样。《过广安吊张才叔谏议》云：

> 春风匹马过孤城，欲吊先贤涕已倾。许国肺肝知激烈，照人眉宇尚峥嵘。中原成败宁非数，后世忠邪自有评。叹息知人真未易，流芳遗臭尽书生。

《出塞曲》云：

> 千骑为一队，万骑为一军；朝践狼山雪，暮宿榆关云。将军羽箭不虚发，直到祁连无雁群。隆隆春雷收阵鼓，蜿蜿惊蛇射生弩。落蓿遗民立道边，白发如霜泪如雨。褫魄胡儿作穷鼠，竟裹胡头改胡语。阵前乞降马前舞，檄书夜入黄龙府。

我们读了上面两首诗，觉得《吊张才叔》一首最为沉痛，最为切实。爱国之诚，溢于言表。《出塞曲》固然是慷慨激昂，足以振顽而起懦，究竟只是纸上谈兵，而不能见诸事实。我们如说得苛刻些，也可以批评他是"书生说大话"。然而在那时候，他能这样的狂呼大叫，确比一般"噤若寒蝉"的人要好得千万倍了。

再从事实上面说：在那时候，像岳飞那样的有实力，尚不能扫除胡虏，恢复中原，尚不能提兵直抵黄龙，开怀痛饮；何况是一个书生谈兵的陆放翁。然放翁不管他的能力薄弱，只知道被压迫不过，满胸的郁结，不吐不快；以为人心不死，终必有恢复祖国之一日；一方面痛恨当道主和而不主战，一方面叹息他自己有以身报国之志，而不得大用。我们读了他的《关山月》和《长歌行》，就可以看出来。他的《关山月》云：

> 和戎诏下十五年，将军不战空临边。朱门沉沉按歌舞，厩马肥死弓断弦。戍楼刁斗催落月，二十从军今白发。笛里谁知壮士心，沙头空照征人骨。中原干戈古亦闻，岂有逆胡传子孙！遗民忍死望恢复，几处今宵垂泪痕。

这诗的前四句，写当时候士大夫腐化的情形，何等沉痛。他的《长歌行》云：

> 人生不作安期生，醉入东海骑长鲸。犹当出作李西平，手枭逆贼清旧京。金印煌煌未入手，白发种种来无情。成都古寺卧秋晚，落日偏傍僧窗明。岂其马上破贼手，哦诗长作寒螀鸣！兴来买尽市桥酒，大车磊落堆长

瓶。哀丝豪竹助剧饮，如巨野受黄河倾。平时一滴不入口，意气顿使千人惊。国仇未报壮士老，匣中宝剑夜有声。何当凯还宴将士，三更雪压飞狐城！

《放翁集》中这一类的诗很多，我们不必多举，只读了这两首，由不得我们不掩卷长叹，拍案大叫。他的诗有这样感人的能力，这就是他的耿耿爱国之心的表现。

放翁爱国的热血，真沸沸到极点，连做梦也梦见和外国人打仗。他在喝醉了酒后所写的诗云：

丈夫不虚生世间，本意灭虏救河山。岂知蹭蹬不称意，八年梁益凋朱颜。三更抚枕忽大叫，梦中夺得松亭关。中原机会嗟屡失，明日茵席留余潸。益州官楼酒如海，我来解旗论日买。酒酣博簺为欢娱，信手枭卢喝成采。牛背烂烂电目光，狂杀自谓元非狂。故都九庙臣敢忘，祖宗神灵在帝旁。

他又有一首诗题云："五月十一日夜且半，梦从大驾亲征，尽复汉、唐故地，见城邑人物繁丽，云西凉府也。喜甚，马上作长句，未终篇而觉，乃足成之。"这又是他梦见恢复中原。其诗很长，这里不必再去照抄了。他又有一首绝句云：

僵卧孤村不自哀，尚思为国戍轮台。夜阑卧听风吹雨，铁马冰河入梦来。

他到了僵卧孤村的时候，还有甚么希望；不过，他那一颗爱国之心，是不死的。似睡非睡的时候，听见窗外风吹着枯叶，雨打着芭蕉，那一阵潇潇飒飒的声音，他就做起"铁马踏冰河"的梦来。这个赤心爱国的老诗人，也忒杀可怜了。

但是爱国心究竟是不死的，不随着身体而死，放翁在临死时，还写下一首绝句，嘱咐他的儿子道：

死去元知万事空，但悲不见九州同。王师北定中原日，家祭无忘告乃翁！

唉！王师北定中原，谈何容易，直要经过千万劫，等到朱元璋起来收拾汉山河，才算是这一日；但不知放翁在地下可知道么！

第六章　放翁的乡村生活

我们在前面已经说过：放翁一生的宦游生活，只有在范成大幕府时是愉快的，后来离开四川，第二次入闽，在抚州，在严州，他就觉得宦游的生活，索然无味，不禁有"西风莼鲈"之感。如他在《建安遣兴》的诗里说：

建安酒薄客愁浓，除却哦诗事事慵。不许今年头不白，城楼残角寺楼钟。

又有《观园圃》的诗，是在抚州或严州时做的，诗云：

菘芥可菹芹可羹，晚风咿喁桔槔声。白头孤宦成何味，悔不畦蔬过此生。

又有《念归》诗，也是在这个时候作的。最后的几句云：

林塘渺渺鸠正欢，帘幕阴阴燕新乳。湖山旧隐入我梦，白首忘归独安取！一生花里醉春风，即今愿作扶犁翁。

　　我们的诗人，宦游既倦，觉得江湖飘泊，事事无聊，反不如回到故乡，耕田凿井，和田夫野老话桑麻，比较的更为舒服。于是浩然有归志。而他的乡村生活，就从此开始了。

　　他回到家乡，一面领著"祠禄"维持生活，一面也藉农桑以资补助。这种生活，当然是很有趣味。他初回去时，就有羡慕农家的诗，题目叫做《夜闻邻家治稻》。诗云：

　　二顷春芜废不耕，半生名宦竟何成。归来每羡农家乐，月下风传打稻声。

　　好好！他不必羡慕农家，他这时候已实行过"半农家"的生活了。我们试看他的《蔬圃诗》①罢：

　　拟种芜菁已是迟，晚菘早韭恰当时。老夫要作斋盂备，乞得青秧趁雨移。
　　百钱新买绿蓑衣，不羡黄金带十围。枯柳坡头风雨急，凭谁画我荷锄归？

---

① 编者按：此诗原题为"蔬圃绝句"。

青青蔬甲早寒天，想像登盘已堕涎。更欲锄畦向东去，园丁来报竹行鞭。

瓦叠浮屠盆作池，池边红蓼两三枝。贪看忘却还家饭，恰似儿童放学时。

小桥只在槿篱东，沟水穿篱曲折通。烟雨空濛最堪乐，从教打湿败天公。

冲雨冲风不怕寒，晚来日出短蓑干。绕畦拾块真为乐，莫作陶公运甓看。

懒随年少爱花狂，且伴群儿斗草忙。行遍山南山北路，归时新月浸横塘。

这时候放翁的生活，不全是农家生活，是半农家生活。他虽然买了一件蓑衣，背了一把锄头，好像和农夫一样，却是他还有工夫和小儿斗草，贪看盆池边的红蓼而忘却吃饭，绕畦拾块为游戏。这都不是完全农人的情形。

放翁自从村居以后，诗格又一变，他诗里所写的，大半是乡村中特殊的情形。我们很可以从他的诗中，知道一些当时候的风俗。如《赛神》云：

岁熟乡邻乐，辰良祭赛多。荒园抛鬼饭，高机置神鹅。人散丛祠寂，巫归醉脸酡。饥鸦更堪笑，鸣噪下庭柯。

写小村庄赛神的情形，使人读了，如亲见其事。于三四两句，自注云："村人谓祭神之牲为神猪、神鹅。"在当时候"神鹅"二字大约不十分通行，所以他自加注解。不过在我们看起来，连"鬼饭"二字也不通行，我们要靠托他这样的诗，才知道在当时候有这些名称。

又如《秋日郊居》云：

> 儿童冬学闹比邻，据案愚儒却自珍。授罢村书闭门睡，终年不著面看人。

这首诗他也自注云："农家十月，乃遣子入学，谓之'冬学'。所读《杂字》、《百家姓》之类，谓之'村书'。"

我们读了这首诗，又得到两个通行于乡村中，而在"教育辞典"上找不到的名词。一个是"冬学"，一个是"村书"。所谓"冬学"，所谓"村书"，倘使不是他自己有注解，我们读了，是不能明白的。不过，所谓"冬学"，虽然有了注解，还不能彻底明白。农家要到十月才送小孩子入学，是不是因为春夏秋三季，小孩子要在田里工作，没有工夫读书，一定要等到十月，收获完了，才能入学读书么？这一层意思，应该补注一下，才能彻底明白。

这一首诗和通俗教育关系很大。我们读了他，除却得到"冬学"和"村书"两个名词而外，而至少再有下面几件事可以注意。

第一，"冬学"好像是一种补习学校。在农村中是很须要而且很适宜的。在放翁时有这种"冬学"，不知山阴地方，到现在有没有这种"冬学"。

　　第二，现在大家都知道平民教育的重要，就事实说，这种"冬学"确有仿办的可能。

　　第三，后世称乡村教书的先生叫"冬烘先生"。"冬烘先生"这个名词，恐怕也是"教育辞典"上查不出的。我疑心"冬烘先生"四个字就是根据"冬学"而来的。①

　　第四，《杂字》、《百家姓》类的书，在二十年前是盛行的，自从二十年来，教科书风行以后，这些书才慢慢的少了。但是，在穷乡僻壤，还是有的。我们现在读了放翁这首诗，可以知道这些书在南宋时已通行了。

　　又如放翁的《新岁》诗云："改岁钟馗在，依然旧绿襦。"又一首《新年》的诗云："应时馎饦聊从俗，耐久钟馗俨在门。"自注云："俗有年馎饦之语。予贫甚，今岁遂不能易钟馗。"

　　这两句诗，也可以供给我们做风俗史料。因为照现在的风俗，钟馗像是过端午时悬挂的，而在放翁时，却是在新年用，而且是贴在门上的，每年易一次，这些都靠他的诗告诉我们，我们才能知道。

----

① 编者按："冬烘"出处，似应来自唐代郑薰主试事。郑误认颜标为颜真卿之后，为激励忠烈，以其为状元，遭无名氏作诗嘲讽："主司头脑太冬烘，错认颜标作鲁公。"

究竟钟馗像从过年用改变到过端午用，是甚么时候改变的？我们不能确切的知道。但是，根据清朝方兰坻画钟馗题的诗，知道是在前清嘉庆以后才改的。因为他画的"钟馗读书图"，旁边还画了一枝梅花。题的诗有一句云："晴旭梅花改岁初。"再有一句，说到钟馗所读的书，乃是历本。可知在方兰坻时钟馗像还是过年用的。方氏是前清嘉庆时人，可知挂钟馗像的风俗，也是嘉庆以后改变的。

我本是在写放翁的乡村生活，忽然考证起挂钟馗像的风俗来，实在是说到题目以外去了。这固然是我随笔乱写，然也因为这件事很有趣味，所以才把他多写了几笔，好使读者对于这一类枯燥的诗，发生兴味，而知道放翁乡村诗的真价值。那么，我的话仍在题内，而没有到题外。

我们再看放翁的乡村诗罢。"老景虽无几，为农尚有余。曾传种鱼术，新得相牛书。黍酒时留客，菱歌或起予。平生湖海志，高枕看严徐。""笋生遮狭径，溪涨入疏篱。渐及分秧候，还当煮茧时。雨昏鸡共懒，米尽鼠同饥。村巷无来客，清羸只自知。""衣裁大布如亭长，船设低篷学钓徒。""朝书牛券拈枯笔，暮祭蚕神酹冻醪。""烧灰除菜蝗（去声①），送芋谢牛医。""涧底束薪供晚爨，街头籴米续晨春。"像这类的诗，很多很多；我们读了，只觉得有一幅乡村图画，在我们的眼前；于是不得不佩服放翁写实之工了。

---

① 编者按：陆游《剑南诗稿》卷十三《杜门》自注："读如横字，去声。"

这一类的写实诗，自杜甫已开其端。杜甫的《南邻》诗云：

锦里先生乌角巾，园收芋栗未全贫。惯看宾客儿童喜，得食阶除鸟雀驯。

秋水才深四五尺，野航恰受两三人。白沙翠竹江村暮，相对柴门月色新。

放翁的诗，本来有些地方学杜，像这样描写乡村生活的诗，就是从杜甫《南邻》一类的诗学得来的；不过杜甫作得不及放翁作得多，且不及放翁充份的用俗字与俗事，这又是放翁更进一步了。我在几年前，曾有一首诗，评论他们，现在把他附录在这里，以作本章的结束。

写实诗篇语却工，千秋此派几人同？自从杜少陵之后，有个山阴陆放翁。

倘少陵与放翁地下有知，"我将酬一杯酒而问之也"。

第七章　放翁的闲适生活

　　放翁在范成大幕府时的生活，是愉快的生活；他罢官归里以后，所过的乡村生活，也是愉快生活。不过二者绝对不同。在成都时候的愉快生活，是积极的，在乡村时候的愉快生活，是消极的。这种愉快，我们把他另外题一个名称，叫做"闲适"。

　　一个人吃饱了饭，没有多事做，只是东跑跑，西跑跑，和人家谈谈闲话，随便看看书，做做诗，早晨睡到日高三丈时才起来，吃过饭，还要睡午觉，晚上喝一二杯酒，一个黄昏，又这样的过去了。这种生活，可称为闲适生活，然也可称为懒惰生活。闲适两个字，好像是很高尚；然一说到懒惰，就觉得不是一种好的批评。那么，这样的生活，究竟是好？是不好呢？

　　我以为少年人决不能羡慕过这种生活。如一羡慕过这样的闲适生活，那就甚么事都完了。若老年人则不妨过这种生活，尤其是居住在乡村中的老人，本人的年纪已经老了，应该休息休息了，而乡村生活，又很简单，正不必像都市中的人民，要一天到晚的为衣食忙。所以这种闲适的生活，很和乡村中的老年人相宜。我们的诗人陆放翁，在这个时候，就合著这个条件，而享受著闲适的幸福。

我们试读一读他的诗，看他是怎样描写他的闲适生活罢。

野人知我出门稀，男辍锄耰女下机。掘得芘菇炊正熟，一杯苦劝护寒归。

（《东村》）

他难得出门，这一天偶然走到东村，东村人家留他坐坐，忙去掘了芘菇，请他喝一杯酒，他也用不著客气，就喝了酒而后回来。这是他闲适生活史中的一页。

风声如雨晓飕飀，万叶丹枫满瓦沟。西望牛头三十里，一枝柔橹作闲游。

（《冬初出游》）

在天高气爽的时候，雇一只小船，摇著一枝柔橹，沿途看看红叶。这是他闲适生活史中的又一页。

天随手不去朱黄，辟蠹芸编细细香。今夕短檠须暂设，北窗风雨送微凉。

（《夏日杂题》）

趁著新凉的晚上，安排一只短檠，读他所爱读的书。这又是他闲适生活史中的又一页。

山川炳焕似辟国，风雨退收如解严。老子真成无一事，抱孙负日坐茅檐。

（《雨晴》）

雨过天晴，抱著孙子，坐在茅檐前晒太阳。这是他闲适生活史中的又一页。

新筑场如镜面平，家家欢喜贺秋成。老来懒惰惭丁壮，美睡中闻打稻声。

（《秋晚》）

秋收时候，是农家顶快乐的时候，却也是农家顶辛苦的时候。不过，他老人家年老力衰，也用不著他亲自往田里去工作，只卧在床上贪睡，而耳中隐隐的听见打稻声。这是何等的愉快而有滋味。这是他闲适生活史中的又一页。

风卷江湖雨暗村，四山声作海涛翻。溪柴火软蛮毡暖，我与狸奴不出门。

（《十一月四日风雨大作》）

冬日大风大雨，声势汹汹，如排山倒海，他只是闭门闲坐，烧柴取暖，和狸奴同守在一起，不管门外天翻地覆。这是他闲适生活史中的一页。

"土铫茶七碗，瓦甑稷三升。""卖药云边市，寻僧雨外山。""疏泉灌藜苋，倚杖牧鸡豚。""老病频辞客，嬉游不出村。""山果啼呼觅，乡傩喜笑随。""下帘留乳燕，投饭出潜鱼。"……这些一页一页的，都是他的闲适生活史。

他家有一所老学庵，大约是他的读书处。他题在老学庵壁上的诗道：

> 此生生计愈萧然，架竹苫茆只数椽。万卷古今消永日，一窗昏晓送流年。太平民乐无愁叹，衰老形枯少睡眠。唤得南村跛童子，煎茶扫地亦随缘。

他又有一篇《居室记》，和一篇《东篱记》，这两篇小记，能把他闲适的生活充份的写出来。我们读了这两篇文章，差不多是找到他家里，和这位白发老诗人晤对一般，再要亲切也没有了。《居室记》云：

> 陆子治室于所居之堂北。其南北二十有八尺，东西十有七尺。东、西、北，皆为窗，窗皆设帘障；视晦、明、寒、燠，为舒、卷、启、闭之节。南为大门，西南为小门。冬则析堂与室为二，而通其小门，以为奥室；夏则

合为一，而辟大门以受凉风；岁暮，必易腐瓦，补罅隙，以避霜露之气。朝晡食饮，丰约惟其力；少饱则止，不必尽器。休息，取调节气血，不必成寐。读书，取畅适性灵，不必终卷。衣加损视气候，或一日屡变。行不过数十步，意倦则止。虽有所期处，亦不复问。客至：或见，或不能见。间与人论说古事，或共杯酒，倦则亟舍而起。四方书疏，略不复遣。有来者，或亟报，或守累日不能报，皆适逢其会，无贵、贱、亲、疏之间。足迹不至城市者率累年。少不治生事，旧食奉祠之禄以自给；秩满，因不复敢请，缩衣节食而已。又二年，遂请老。法当得分司禄，亦置不复言。舍后及旁，皆有隙地，莳花百余本。当敷荣时，或至其下，徜徉坐起，亦或零落已尽，终不一往。有疾，亦不汲汲近药石，久多自平。家世无年，自曾大父以降，三世皆不越一甲子；今独幸及七十有六，耳目手足未废，可谓过其分矣。然自记平昔于方外养生之说，初无所闻；意者日用亦或默与养生者合，故悉自书之，将质于山林有道之士云。

《东篱记》云：

放翁告归之三年，辟舍东茀地，南北七十五尺，东西或十有八尺而赢，或十有三尺而缩，插竹为篱，如其地之数。薶五石瓮，潴泉为池，植千叶白芙蕖，又杂植木之品若干，草之品若干，名之曰东篱。放翁日婆娑其间，掇其香以臭，撷其颖以玩，朝而灌，莫而锄。凡一甲坼，一敷荣，童子皆来报唯谨。放翁于是考《本草》以见其性质，探《离骚》以得其族类，本之《诗》《尔雅》及毛氏、郭氏之传，以观其比兴，穷其训诂。又下而博取汉魏晋唐以来一篇一咏无遗者，反复研究古今体制之变革；间亦吟讽为长谣、短章、楚调、唐律，酬答风月烟雨之态度。盖非独娱身目，遣暇日而已。昔老子著书末章，自小国寡民，至甘其食，美其服，安其居，乐其俗，邻国相望，鸡犬之声相闻，民至老死不相往来，其意深矣。使老子而得一邑一聚，盖真足以致此。於虖！吾之东篱，又小国寡民之细者欤！

他又有《斋居纪事》帖，是他随手写下来的琐碎的事情，自饮食起以至器物等，都有被写入的。今摘录几则如下，以补《居室记》及《东篱记》之不足。

研水必日一换。仍用清泉。尘多处，密覆乃佳。

漆研匣、茶盒之属，勿以冷水洗。水能败漆，当戒。

藏墨，用绵包，置盒中，时一出暴。

茶须旋碾，止可三五日用。过此，香味皆损。茶遇梅月，须朝暮以慢火焙之。常时亦须三两日一焙。但切忌炽火，及有烟火。又忌与香药同贮。皆当躬自屡省，勿委斋仆。

地黄粥，用地黄二合，候汤沸，与米同下。别用酥二合，蜜一合，炒令香热，贮器中。候粥欲熟，乃下。

拄杖，唯芦竹最佳。寻常用作笔管者是也。一节疏，二坚劲，三色白，四至轻，五易得。

《斋居纪事》，原是放翁所写的零碎的纸片，系后人把他抄录成帙的。他原来不但是纪的事有趣，就是字也写得好。现在把宇文公谅和袁裘二人的跋语，附录在下面，以当《斋居纪事》的考证。

宋人书以李西台、蔡端明为第一。至苏内翰、黄太史、米南宫，超轶奔放，姿态横生，尤为卓绝。南渡后，惟石湖、放翁，犹有前辈笔意。下是，无足观矣。放翁家会稽，遗墨多流落人间。此帖宜为僧石溪所宝。宇文公谅谨题。

右放翁《斋居纪事帖》稿真迹。内多涂抹。余近得于洞庭陆氏，陆氏得于会稽鬻古书者。欲便观览，因录置几席。嘉靖丙戌腊月四日，是日雪片如手，兴之所至，呵冻作书，殊不觉寒也。中皋子袁裘尚之在卧雪斋漫志。

第八章　放翁的文学生活

　　我们都知道陆放翁是个著名的诗人，我们也都知道研究
一个诗人的作品，当考察他的思想如何，性情如何，环境如
何。旁的诗人思想性情等，虽然是各不相同，然而在每一个
人，总没有多大的变化。惟有陆放翁则不然。他的环境屡有
变化，因此他的思想和性情，也不得不跟著略有变化，所以
他的诗也就跟著变。而变化的次序，又恰和他的年龄相应。

　　赵翼评陆放翁的诗，把他分为三个时期来说，说得很好。
其文如下：

　　　　放翁诗凡三变。宗派本出于杜，中年以后，则益自
　　出机杼，尽其才而后止。观其《答宋都曹诗》云："古诗
　　三千篇，删去才十一。《诗》降为《楚骚》，犹足中六律。
　　天未丧斯文，杜老乃独出。陵迟至元白，固已可愤嫉。"
　　《示子遹》诗云："我初学诗日，但欲工藻缋。中年始稍悟，
　　渐欲窥宏大。……数仞李杜墙，常恨欠领会。元白才倚门，

温李真自邻。"此可见其宗尚之正，故虽挫笼万有，穷极工巧，而仍归雅正，不落纤佻。此初境也。

后又有自述一首云："我昔学诗未有得，残余未免从人乞。力屏气馁心自知，妄取虚名有惭色。四十从戎驻南郑，酣宴军中夜连日。打球筑场一千步，阅马列厩三万四。华灯纵博声满楼，宝钗艳舞光照席。琵琶弦急冰雹乱，羯鼓手匀风雨疾。诗家三昧忽见前，屈宋在眼元历历。天机云锦用在我，剪裁妙处非刀尺。世间才杰固不乏，秋毫未合天地隔。放翁老死何足论，广陵散绝还堪惜。"是放翁诗之宏肆，自从戎巴蜀，而境界又一变。

及乎晚年，则又造平淡，并从前求工见好之意，亦尽消除。所谓"诗到无人爱处工"者。刘后村谓其皮毛落尽矣。此又诗之一变也。

赵翼拿放翁自己的诗，来说明他的三变，实在不差是放翁自述。所以这话很是确当。

读过我这册《放翁生活》前七章的人，可以知道放翁的环境的变化，而变化的程序，正和年龄相当。少年时做贵胄公子；中年时横戈跃马，万里从戎；晚年时隐居山林，读书悟道。环境和年龄岂不是很相当么？于是他的诗也就跟着变化。由藻缋而宏肆，而平淡。合三个时期的诗，而为一个人的诗，这真是所谓"洋洋大观"了。

况且放翁的诗的量，也非常的多。在中国诗人中，可以说是第一。据他自述说：

> 脱巾莫叹发成丝，六十年间万首诗。（《小饮梅花下作》）

他于这两句诗的下面自注云：

> 予自年十七八学作诗，今六十年，得万篇。

这固然是他的笔力健，然也是他的寿年高。像柳子厚、李长吉一类的不能享高年的诗人，纵然笔力健，也难学他（他生于宋徽宗宣和七年，卒于宋宁宗嘉定二年，享年八十五岁）。

他的诗在宋朝的诗歌界，是怎样的位置呢？我们可以看《宋诗钞》小传的话。

> 孝宗尝问周必大曰："今诗人有如唐李白者乎？"必大以游对。人因呼为小太白。刘后村谓："近岁诗人：杂博者堆队仗，空疏者窘材料，出奇者费搜索，缚律者少变化。惟放翁记问足以贯通，力量足以驱使，才思足以发越，气魄足以陵暴。南渡而下，故当为一大宗。"吾谓岂惟南渡，虽全宋不多得也。宋诗大半从少陵分支，故山谷

云："天下几人学杜甫，谁得其皮与其骨。"①若放翁者，不宁皮骨，盖得其心矣。所谓爱君忧国之诚，见乎辞者，每饭不忘。故其诗浩瀚崒崒，自有神合。呜呼！此其所以为大宗也与！

周必大说他可比李白，《宋诗钞》说全宋不可多得，虽未免太过一点，然也不能说全不对。他在全宋朝，的确是占一个重要的位置，而在南宋，的确可以称第一。后人又以苏（东坡）、黄（山谷）、范（石湖）、陆（放翁），并称为四大家。这也很妥当。

放翁的著作真多。除了诗稿而外，再有文集、词稿、笔记等（详目见附录）。他的文稿中，有六卷都是题跋。所跋的书真不少。可见他每读完一种书，必要拿起笔来题几行字在后面。或是考证，或是评论，或是记所感触，随手写来，毫不著力，却是寥寥短篇，都非常的隽妙。如《跋陶渊明集》云：

吾年十三四时，侍先少傅，居城南小隐。偶见藤床上有渊明诗，因取读之，欣然会心。日且暮，家人呼食，读诗方乐，至夜，卒不就食。今思之，如数日前事也。庆

---

① 编者按：此诗非黄庭坚作，而是苏轼所作，见《苏轼诗集》卷二十二《次韵孔毅父集古人句见赠五首》之三。

元二年……时年七十有一。

他在七十一岁时，读著陶渊明的集，忽然记起十三四岁做小孩子时的事来，就随手题了这几行字在《陶集》的后面。我们读了，可以想见这位老诗人读书的兴致。

《跋花间集》云：

> 《花间集》皆唐末五代时人作。方斯时，天下岌岌，生民救死不暇，士大夫乃流宕如此。可叹也哉！或者亦出于无聊故邪！笠泽翁书。

这几句话，批评《花间集》，可算是别有见地。

又如《跋孟浩然集》云：

> 此集有《示孟郊诗》。浩然，开元、天宝间人，无与郊相从之理。岂其人偶与东野同姓名邪？晁伯以谓《岳阳楼》止有前四句，亦似有理。
>
> 续考之，伯以之说盖不然。大抵浩然四十字诗，后四句率觉气索。如《洞庭寄阎九》、《岁暮归南山》之类皆然。杜少陵评浩然诗云："新诗句句尽堪传。"岂当时已有此论，故少陵为掩之邪？

这几句话，他考证，鉴别，是何等的精确。

我们都知道他是一位诗人，却不知道他还是一位史家。他的《南唐书》，不是很好的历史么？我们更不知道他也是一位书家。他的墨迹，我们虽然没有看见过，但是只看本书前一章所录的《斋居纪事跋》，我们就可知道他是会写字的。我们再看他自述作草书时的狂态。

朱楼矫首临八荒，绿酒一举累百觞。洗我堆阜峥嵘之胸次，写为淋漓放纵之词章。墨翻初若鬼神怒，字瘦忽作蛟螭僵。宝刀出匣挥雪刃，大舸破浪驰风樯。纸穷掷笔霹雳响，妇女惊走儿童藏。往时草檄喻西域，飒飒声动中书堂。一收朝迹忽十载，西掠三巴穷夜郎。山川荒绝风俗异，赖有美酒犹能狂。醉中自脱头上帻，绿发未许侵微霜。人生得丧良细事，孰谓老大多悲伤。(《醉后草书歌诗戏作》)

他的题跋中，跋前人墨迹的也很多。论书的见解也很好。《跋崔正言所书书法要诀》云：

德符诗名一代，书则未之见也。观此编中字，瘦健有神采，亦类其诗。乃知前辈未易以一技名也。

"诗名一代，书则未之见也。""乃知前辈未易以一技名也。"这两句话，我们正可以移赠放翁。

最后，我们不要忘记这位八十五岁的老诗人，自十二岁能诗文起（据《宋史》本传，十二岁能诗文。据他自述，则谓：予自十七八学作诗。大约十二岁时不过能作，并不曾多作），以至八十五岁为止，无日不在文学中讨生活。他在临死时，曾梦见在万顷荷花中行走，醒后作诗云：

天风无际路茫茫，老作月王风露郎。只把千尊为月俸，为嫌铜臭杂花香。

这一首诗，还不是他最后的一首诗。他最后的一首诗，就是写示他儿子的遗嘱。

唉！我们八十五岁的老诗人，诗格虽然屡变，而他的驱逐胡虏恢复中原的热心，至死还没有变啊！

附录一　放翁著述考

《渭南文集》五十卷

《天彭牡丹谱》及《致语》一卷,《入蜀记》六卷,《词》二卷，皆在《文集》五十卷中。

《剑南诗稿》八十五卷

《放翁逸稿》二卷

《南唐书》十八卷

《家世旧闻》不分卷

《斋居纪事》不分卷

以上汲古阁刻《陆放翁全集》(今《四部备要》即据此本排印)

《老学庵笔记》十卷

汲古阁《津逮秘书》本(《学津讨源》本即出此本)

又涵芬楼《宋人小说》本(据穴砚斋抄本校刊)

《续笔记》二卷

《四库总目》题作《笔记》十卷,《续笔》二卷。惟《续笔》

今不见。仅见于《说郛》中数条。(此《说郛》指涵芬楼刊原本《说郛》)

《涧谷精选陆放翁诗》(今《四部丛刊》即据此本影印)

其他选本甚多，不及备载。

附录二　关于研究放翁文学的专籍

《陆放翁年谱》 清赵翼（在《瓯北诗话》内）

《陆放翁诗话》 前人（同前）

《陆放翁传评》 近人苏雪林女士（在《蠹鱼生活》内）

《陆放翁》 胡怀琛（在《中国八大诗人》内）

下

篇

诗人生活

弁　言

　　什么是诗人？怎样是诗人？这是我们研究文艺的人，心中所常有的两个问题。这两个问题却不是容易回答的。抽象的答案，不著边际，那是谁都会做的，却总不能使人满足。要回答这两个难题，将实际的诗人的生活来仔细考察一番，或许倒有点实在。我们来看看古今来有名的所谓诗人也者，究竟是怎样一个人，和普通的人究竟有何不同之处；诗人的生活究有什么特异之点，并且看看诗人的诗兴从那里去找来的。我们考察了诗人的生活，知道诗人之所以成为诗人，是与革命性，与酒，与恋爱，与痴狂等等都有极密切的关系的。本书就是以兴味浓郁的笔墨来叙述这种种关系，将一个完全的诗人的生活全部显露出来。这样，我们不仅对于前面所说的两个难题，可以不解自解，并且可以告诉要做诗人的人们，如何去过诗人的生活，去做一个诗人了。

一 绪言

　　衣上征尘杂酒痕，远游无处不消魂。此身合是诗人
未？细雨骑驴入剑门。

　　这是宋朝陆放翁《剑门道中遇微雨》的诗。我们这位陆
放翁先生，人家都承认他是诗人了；但是他在做这首诗的时
候，好像自己还不承认自己是个诗人，所以用疑问的口吻说：
"此身合是诗人未"？
　　究竟是不是诗人，以甚么为标准呢？陆先生已先定了一
个标准，说："衣上征尘杂酒痕。"又说："细雨骑驴入剑门。"
　　一、衣襟上有了征尘，还要夹杂几点酒痕。
　　二、那一天不是晴天，是在下细雨。（这一个条件，还不
十分重要。）
　　三、他是骑的驴子，不是坐轿。
　　四、他所走的地方，是剑门，不是上海四马路，不是北
平正阳门。

他好像是说："现在我已具了这四种资格了，能算是诗人么？"也就是说："有了这四种资格，庶几可算是诗人。"反转来说，倘然一、衣上没有酒痕；二、那一天是晴天；三、他是坐轿；四、他所走的地方是上海四马路，或北平正阳门；（当然，在南宋的时候，没有所谓上海四马路，北平正阳门，这里不过是说比方如此罢了。）那就无论如何，不能算是诗人。

当然，不合于这四个条件，而合于其他做诗人的条件的，也可以算是诗人；合于这四个条件的，只不过是诗人的一种罢了。

但是，我们看了这一个举例，也就可以晓得诗人生活的一斑了。

二　诗人的情感与诗人的气节

诗人也是一个人，表面的四肢、五官，和一般人并没有两样。那么，诗人的这个名目，能不能成立，已成了问题。从另一方面说：诗，是人们情感的流露，不必定是诗人才能作诗，不是诗人，也会作诗。在真情禁止不住时，自然发挥出来，歌唱出来，就成为诗；不必讲甚么平仄，不必讲甚么五言、七言，自然而然的成为天籁；真比所谓诗人作的诗，不知要好多少倍。

这样说来，诗人二字，已不能成立了。诗人二字既不能成立，那就无所谓诗人生活，我这本书都是瞎说了。

其实也不尽然。诗人的四肢、五官，当然和一般人一样，没有分别；但是诗人的性情，到底和一般人有些两样。

一般的人，那个不怕死。就是受了一点小冤屈，算得甚么，何至于要投江自杀。却是我们的诗人屈原，他独受不住冤屈，一被上官大夫所谗，他就投汨罗江而自杀了。他在将投江、未投江之际，曾遇见江上的渔父，他告诉渔父说：

> 举世皆浊，我独清；众人皆醉，我独醒；是以见放。

当时渔父就劝他说：

> 圣人不凝滞于物，而能与世推移。世人皆浊，何不淈其泥而扬其波？众人皆醉，何不餔其糟而歠其醨？何故深思高举，自令放为？

屈原答道；

> 新沐者必弹冠，新浴者必振衣。安能以身之察察，受物之汶汶者乎？宁赴湘流，葬于江鱼之腹中，安能以皓皓之白，而蒙世俗之尘埃乎？

渔父听了他的话，知道他的性情古怪，只好莞尔而笑，鼓枻而去。

屈原本来可以不死，倘然肯淈泥，扬波，餔糟，歠醨，未尝不可以维持他相当的功名富贵，庸庸碌碌的寿终正寝；却要跳在江里，做个水鬼。他的自杀的原因，就是不肯以身之察察，受物之汶汶；不肯以皓皓之白，蒙世俗之尘埃。他情愿葬身在江鱼腹中，而不愿苟且偷生于五浊世界。这就是诗人的性情和常人不同的一个证据。

或说：屈原，并无此人。或又说：屈原虽有此人，而渔父却无此人，一篇《渔父》的文章，不过是屈原自问自答的话，假托为渔父罢了。这些话，都是关于文学史的话，和我们谈文人生活不相干；我们不管他屈原是不是有此人，渔父是不是有此人，总之，这篇文章终有一个人作的，这篇文章就可以代表诗人的思想。

还有一句话，我要说一说：凡是投江自杀的人，未必都是诗人。例如民国十六十七两年，上海滩上投黄浦而自杀的，男男，女女，不知多少，难道都是些男诗人和女诗人么？当然不是。然而他们与诗人有相同之点，就是富于情感，缺乏理知，当情感勃发时，理知不能节制情感，行动就逸出常轨以外。这一点，是他们和诗人相同的。因此，他们虽不是诗人，却有做诗人的可能；他们不能如屈原留名于后世，真是可惜了。

更有一句话，我要说一说：凡是诗人，未必都要投江自杀；也有虽不自杀，仍不失为诗人的。普天下羡慕做诗人的人，慎勿信了我的话，以投身黄浦博取诗人名号；须知仅仅投江，不能算是诗人，尤其是不能因为想做诗人而学投江。

做官，也是一般人所喜欢的。大官固然好，小官也不差。在如今已经算是公仆了，一般人还是愿意干的；况在古代，高居小百姓之上，那个不愿意呢？独有诗人，却不愿做官。有一句很陈腐的旧诗道："名士不宜官。"名士和诗人，虽非一物，但是有相同之点。这句诗也可以改作"诗人不宜官"。只不过平仄不调罢了。这不是本书范围以内的话，暂且抛开不管，单说一个不爱做官的诗人陶渊明。

陶渊明做个彭泽令，位置等于现在的县长，他所得的俸禄，是五斗米。如照现代的米价算，怕有七八元，就说古代米价贱，不到几文，但五斗米终是五斗米，是现成的白米，人家送给你的，不必要自己动手耕种，才可得到。但是这位诗人陶渊明，他却丢了现成的五斗白米不要，情愿自己回去种田。

说到他丢掉彭泽令老爷的理由，也很有趣。因为上司差了人来，旁人说，上司差来的人，不可轻慢，应该束带相见。陶渊明却板了面孔说："他是甚人？要我束带见他么？他不过是倚靠上司的势力，来骄傲我；我除官不做一身清，我不干了，他怎奈我何？"陶渊明就这样的辞职了。他辞职归家时，就做了一篇《归去来兮辞》，那中间最好的句子道：

> 既自以心为形役，奚惆怅而独悲！悟已往之不谏，知来者之可追。实迷途其未远，觉今是而昨非。

他又道：

> 寓形宇内复几时？曷不委心任去留？胡为乎遑遑兮欲何之？

他懊悔当初以形为心役，悟已往之不谏，知来者之可追，立刻挂冠归里。饮他的酒，采他的菊，虽至于忍饥耐寒而不悔。这又是诗人的性情和常人不同的一个证据。

　　第一件事，是表明诗人的情感比常人丰富，而且热烈。第二件事，是表明诗人的气节比常人高尚。这就是诗人和常人不同的地方了。诗人原不是甚么特别阶级，只不过他和一般人有不同之点，这一类的人，我们就称他是诗人，这类人的生活，我们就称他是诗人的生活。诗人的生活和一般人不同的地方，除了上面所说的而外，其他尚多，待我下面慢慢再说。

三　寻诗（一）

根据上面的话，我们可以知道诗是人们情感的流露，大概情感丰富的人，就有做诗的可能，而情感丰富的人，性情又必古怪，所以那做诗的人，性情一定有些古怪。

有人问道："那么，情感丰富，性情古怪，而不能做诗的也有，这是甚么道理呢？"

我就答道："因为他们不知道寻诗。"

人家又要问："诗是人们情感的流露，还要向外面寻么？寻诗二字，是甚么意思？"我又答道："这里可举古人的一段成语来说明。"

人生而静，天之性也；感于物而动，性之欲也；夫既有欲矣，则不能无思；既有思矣，则不能无言；既有言矣，则言之所不能尽，而发于咨嗟咏叹之余者，必有自然之音响节奏，而不能已焉。此诗之所以作也。

这一段话是说明诗的产生的原理。他的大意也是说："诗是情感的流露，但是人的天性是静的，必须感于物而后动，倘然不与外物接触，那就不动。"也就是说："情必感于外物而后流露，不感于外物，就不流露。"所谓寻诗，就是使自己和外物接触，使蕴蓄在内的情感流露于外。我现在把清初王猷定描写寻诗状况的一篇文章，抄录如下，以证明寻诗的生活是怎样。这篇文章的题目，叫《元日冒雨寻诗序》，是写他一个朋友冒雨寻诗的故事。文云：

赵子孟迁，有诗癖，每酒酣不平，遇山水友朋，必叱咤跳掷，不吟诗不已。

岁除，天腊，则例有纪，自以为诗历，不求工也。壬辰上日，款予扉，甫见，不交一语，投以除夕诗，即反走。予曰："何为？"赵子曰："趁此日寻吾诗所在。"予曰："安在？"曰："吾诗在梅岭蜀冈一带，十五年委弃于此，幸今遇之，他日名山物，无失也。"

去，出北门，之梅华岭，岭旁为史相国瘗衣冠处，拜而去。会天雨，仓皇走断烟荒草间，左右四顾，执樵者问曰："若知隋皇一片土耶？"樵者曰："客何为者？"告之故。樵者笑，赵子亦笑。于是具告以宝城、迷楼、萤苑、平山诸胜，且为指点前代战垒及兴亡之事。赵子且悲，且喜，仰天大叫，顾其僮曰："安所逃雨乎？"雨左，则袂障以左；右，则障以右。卒一一至其地，次第凭吊而归。行市，水从项下，口哦哦不休。涂之人咸目之，莫测其故也。

次日，示予草，备述其蹭蹬寻诗状。王子曰："诗之于人，不可以已也，如是夫！凡人所为，必其不可已者而后传，赵子可已而不已，其中必有独得者存，而工者顾失焉。赵子传矣。"作歌以赠之。

这篇《元日冒雨寻诗序》，我们如上面的写法，把他分为四段。当然，是第三段顶重要。他描写诗人寻诗的状态，可谓淋漓尽致。赵孟迁为甚么要寻诗？诗为甚么可以从断烟、荒草间寻出来？赵孟迁所遇见的樵者不能了解，市人不能了解，现在读这书的人，大约可以了解，不用再说。不过，有一层应当加以说明，就是像下面的一段话。

赵孟迁是清初人，他是明末的遗民，梅华岭旁是史可法瘗衣冠处，他要做凭吊故国的诗，就不得不到梅华岭旁去寻了。至于宝城、迷楼、萤苑、平山诸胜迹，不过是借以衬托罢了。

王猷定说："凡人所为，必其不可已者而后传。"他又说："赵子传矣。"是赵孟迁的寻诗，乃是不得已而然。为甚么说不得已？就是满肚的亡国的感慨，无处发泄，要借诗一发；但不到梅岭、蜀冈，那又做不成诗。这就是我上文所谓：使自己与外物接触，使蕴蓄在内的情感流露于外了。

袁子才诗云：

但肯寻诗便有诗，灵犀一点是吾师。夕阳芳草寻常物，解用都成绝妙词。

他这一首诗，把寻诗说得太容易，他虽然也有一部分对，但是不能说是全对。因为他是偏于向外去寻找，而不管蕴藏在内的有没有。如此，就使被他寻到了诗，那诗也不能算是好诗，只能算是肤浅浮泛的诗，也可说不能算真诗，只是假诗。

四 寻诗（二）

上面一节所说的，是作者向断烟、荒草间去寻自己的诗。这里一节所说的，是读者向翠筼、白石、古垣、断碣间去寻他人的诗。

他人作了诗，自己不要，随意弃置于翠筼、白石之间，古垣、断碣之上；却另有人爱读他的诗，不惜辛辛苦苦，向此等地方去搜寻。这一个作者和一个读者的举动，都足以表明诗人的生活的一部分。

这样的寻诗者，清人史震林的《西青散记》上面，有一段写得最好。原文道：

> 索闇叔诗。曰："近者诗无存草，散题翠筼、白石、古垣、断碣之上。试闲步寻之。"
>
> 闇叔往夏溪，余谓玉函曰："寻诗多者，胜。"玉函窥窗外，月红花下，石峰三尺，侧题云："湿烟低初晴，红光溢新叶。爱此篱蟀斜，孤红艳深雪。"

余仰海棠树西南枝，微有字痕，登石额观之，题云："霜林表鲜春，高艳清光染。仙枝疏秀间，天青淡红点。"回顾檐下，以白垩写诗云："香袅梦微消，春寒著细腰。蝶来风有致，人去月无聊。"傍一砖，黄色，缀绿苔数点，墨书《海棠》诗云："晴雨洒清晓，花枝醉浓湿。春情浃我情，春鸟鸣不歇。"余曰："胜矣。"

玉函笑曰："来。"则石阑之角，写四言诗三章，字细如豆。诗云："风院深微，露滋烟重。春浓景明，晒花香动。有美人兮，坐犹残梦。""风院深微，梦声鸟碎。晶晶日浓，晴光逼睡。彼美人兮，春情靡赖。""风院深微，润烟晶满。碎影花重，风其丝宛。彼美人兮，春情丽婉。"后书"赵郎"二字。

将晚，步于北圃，玉函摩巨竹，吟曰："茶烟冷不起，冰缚泉断续。山雪照村寒，茅居冻残竹。"又吟云："荒霜浓湿腾，晓日洒寒树。野士何所栖？霜篱绽红处。"

余寻诗无所得，一竹半枯，斜立池边，刺草书，以朱湟之。诗云："松涧流清泉，逝者其无息。隔水蚁衢通，深远渡溪叶。"蠹节处，有四言诗，真书，染以碧。云："月兮山静，泉其细永。询彼幽人，疏疏竹冷。"湖之港，有断桥，题其朽柱曰："溪冰带雪流，仄桥穿薜荔。天寒荒野净，期我春舟末。"

又旧有诗一首，淡墨将失，在无皮古杨之背。云："滩远秀菰蒲，秋晴湖纹碧。何处是吾村？日斜半峰赤。"

这位作诗的赵闇叔，性情未免太奇怪了，他作了诗，要这样的写在石上，刻在竹上，一般的人，一定不能了解他的用意，他自己也说不出是甚么用意，只不过他喜欢如此，他就如此，他自己也不知道是甚么缘故。这一点，也是诗人异于常人之处。

若评论他的诗，是偏于刻画景物，虽不能说是十二分好，但是瘦硬幽怪，和李长吉的诗有些相像，自然不是寻常的坏诗可比。总之，他的诗和他的性情同样的怪僻。

五　捉诗

捉诗，这个名词，太奇怪了。我在创造这个名词时，也觉得奇怪点，想另用一个别的名词；但是想来，想去，总想不出一个比较更妥当的名词，所以还是用了这两个字。甚么是捉诗呢？就是说：

诗在宇宙之间，偶然被我们发现，我们便要立刻把他捉住；在这时候，稍纵即逝，我们的手脚不快，他一溜就不知溜到甚么地方去了。

这不是我的创论，从前的诗人苏东坡，也曾有过同样的话。他的《腊日游孤山》诗末四句云：

> 兹游淡薄欢有余，到家恍如梦蘧蘧。作诗火急追亡逋，清景一失后难摹。

看他"作诗火急追亡逋"一句，说得多少要紧。古人有诗云："戒诗如戒酒。"我们也可以说："捉诗如捉贼"了。

除了苏东坡之外，再有清朝古文家梅伯言，他也明白这个道理，不过他是说作文，不是说作诗罢了。他的《盘山余霞阁记》，中间有一段道：

> 文在天地，如云物烟景焉，一俯仰之间，而遁乎万里之外；故善为文者，无失其机。

梅伯言的见解，和苏东坡完全是一样。他们一个说"火急追亡逋"，一个说"无失其机"，都能写出诗人作诗时火急的情形。在这时候，任便甚么天大的事情，他都不管，他必须把他的诗做好了再说。

最不幸的事，就是正在这个时候，偏有不相干的事来打搅他，或是妻子向他啼饥，号寒，或是债主向他讨债，或是疏亲远戚来访望他，向他说无味的寒暄话。这样的痛苦，真比甚么还要利害，这种损失，比甚么还要大。这是诗人生活史上最痛苦的一页。读者不信，试看下面的故事，就可以知道。

六　诗兴

根据前节所说的话，作诗要趁着诗兴。有兴时，可以一口气写成多少首，兴致不好或兴致被人家打断时，就一句也做不成。试看宋人《冷斋夜话》所载的潘大临的故事，就可知道。原文云：

> 黄州潘大临工诗，多佳句，然甚贫，东坡、山谷尤喜之。临川谢无逸以书问："有新作否？"潘答书曰："秋来景物，件件是佳句。恨为俗氛所蔽翳。昨日闲卧，闻搅林风雨声，欣然起，题其壁曰：'满城风雨近重阳。'忽催租人至，遂败意。止此一句，奉寄。"

潘大临的一团诗兴，被催租人断了，使他不能再写下去，这个损失，真是不小。千载之下，虽有许多无聊的人，替他代续；但是完全错了，作者自己败了兴，不能续，何况后来不相干的人，怎样续得好呢？

作诗而遇着败兴，是这样的情形；反转来说，当他们趁着兴致写时，是怎样的情形呢？那么，有李太白的诗可以证明。诗道：

兴酣落笔摇五岳，诗成啸傲凌沧洲。

这是何等的气象！虽然是李太白格外如此，但一般诗人，要任情逞性写出他们胸中郁塞，无不如此。这就是所谓诗兴。

七　苦吟

　　和趁兴相反的，就是苦吟。说也奇怪，诗人的举动，往往自相反对，譬如作诗，大概是要趁兴，却又有些人要苦吟。趁兴是愈快愈好，苦吟是愈慢愈好。他把一首诗，作了一个大概，再来慢慢的修改，修改一次，二次，以至于许多次，才得到最后的成绩。那一首诗，也就成为名篇了。

　　唐朝有个诗人，名叫卢延逊[①]，他作诗是肯苦吟的。他有两句自述的诗道：

　　　　吟安一个字，撚断数茎须。

　　这两句诗，活画出苦吟的情形来。幸亏他的诗不多，倘然他的诗如白居易、陆游一样的多，那么，不但是胡须，就是连头发也要撚断完了。

[①]　编者按：即卢延让，宋人避英宗父讳（允让），以"逊"代"让"。

我记不清楚是不是贾岛，他也有一句自述的诗道：

三年成两句。①

这样的作诗，倘使用机械的数学计算起来，一首五言律诗，要十二年，比较长一点的古诗，可以作二三十年。

除了这两个诗人而外，再有宋朝戴复古的故事。他曾于无意中，做了"今古一凭栏"、"夕阳山外山"两句，但没有对句。一天，他和朋友说起，他的朋友赵用父以"利名双转毂"对"今古一凭栏"，刘叔安以"浮世梦中梦"对"夕阳山外山"，但是终觉得不妥。又过了些时候，他的朋友范鸣道，又以"春水渡旁渡"对"夕阳山外山"，戴复古还不觉得是好。又过了些时候，他亲自看见这样的景致，他才知道这一联诗的好处。他在这首诗的题目上自述道：

江东夏潦，无行路，逐处打渡而行，深山界上，一渡复一渡，时夕阳在山，分明写出此一联诗景，恨不得与鸣道共赏之。

他这几句话，可以充分说明他对于这一联诗能彀领会的

---

① 编者按：此为贾岛诗句，见其《题诗后》："二句三年得，一吟双泪流。知音如不赏，归卧故山秋。"

程度了。在他自己不是身历其境，尚不能领会；何况是旁人？这也可证明一首诗要得到他人的同情的困难。

此外，再有一个最著名的故事，就是所谓"推敲"。今人说到作诗者斟酌字句，都是用推敲二字为代。所以我们不得不把这两字的来源说一说。

就是前面已经说过的贾岛，他有一回做了两句诗道：

　　鸟宿池边树，僧敲月下门。

一个"敲"字，他不知是用"敲"字好，还是用"推"字好。自己沉吟不决，在路上一面走，一面用手做推敲的手势，韩愈从对面骑了马来，他也不知道，只管向前走，和韩愈相冲。韩愈问他甚么事，他把原因说了；韩愈想了一想，说道："还是敲字好。"

此外，再有一个可笑的故事，南唐有个和尚，他很喜欢作诗，他在中秋夜作了一句咏月的诗道：

　　此夜一轮满。

也是只有一句，没有对句，一直到第二年的中秋夜，他才想起一句来对道：

　　清光何处无。

他得到这一句，欢喜极了，就于半夜里跑起来，把寺钟叮叮当当的乱敲。半夜敲钟，是不常有的事，因此惊动了全城的居民。明天，地方官就把这和尚捉了去。审问一番，和尚说明原因，南唐后主笑了一笑，把他释放了。

八　一个问题

以上说趁兴和苦吟，说得太多了，暂且停止；不过，因趁兴和苦吟又引起一个问题来。

作诗者要碰着自己的兴致好时就作，兴致不好时就不作，这样的生活，不消说，是懒散的生活。作诗者又要废了镇日镇月的工夫，和全部的精神，去争一个两个字的好坏，这样的生活，不消说，是清闲的生活，不是吃现成饭、著现成衣的人，那个有闲工夫来玩这些把戏。

把懒散的生活和清闲的生活合并起来，倘不是贵族，决做不到。那么，诗人的生活，岂不就是贵族的生活么？

贵族的生活，在今日固然不能允许他存在，就是在从前也应当把他看得很轻。诗人的生活既然是贵族式的生活了，岂非诗人也就没有价值么？

按：这一个问题，很值得研究。我的答案大约如下：

中国诗人的生活，虽然有一部分贵族化了，但决不能说全体的诗人生活，都是贵族生活。所谓贵族化的诗人，如三国时曹氏父子及南北朝时徐、庾等人便是。但这种诗人，在中国诗界，并不能占最高位置。至于懒散清闲等，却又和贵族无关。就如上面所说的几个人，如卢延逊，并不是贵族，如贾岛，他本来是个和尚，后来才还俗的，然也不是贵族，至于南唐的和尚，更不消说了。所以他们的懒散清闲的生活，乃另是一种生活，决不是贵族的生活。况且他们的懒散和清闲，正是和富贵人为名利而奔波，立在反对的地位。他们是痛恨富贵人的生活的。

九　诗人的革命性

诗人因为痛恨富贵人的生活，所以他们的诗里，也常常刺讽或咒骂富贵人，而表同情于平民。例如传诵人口的：

> 朱门酒肉臭，路有冻死骨。

又如：

> 春种一粒粟，秋收万颗子；四海无闲田，农夫犹饿死。

这一类的诗，在中国的旧诗里，可以寻得出许多许多；这样的诗，夸大一点，就可以说含着极激烈的革命性。

诗人就是革命者么？诗中果含有革命性么？这个问题，真值得讨论。我们根据诗歌产生的原理说来，诗歌产生的原因，共有若干个，而其中一个，就是受着痛苦时的呼声。（诗歌产生的原因，参看拙作《诗歌学ABC》。）这个道理在韩愈也已明白了。他说：

物不得其平则鸣。

社会上的贫富不平均，劳逸不平均，苦乐不平均，在诗人亲自受着不平等的待遇，当然受不住，当然要把满肚的怨愤，尽情吐出来；诗人又是富于同情的，就是自己的境遇稍好点，他看见旁人受着不平等的待遇，也如自己受了一般，忍不住要代替他人鸣不平。

这样的诗人，除了三百篇中《硕鼠》、《何草不黄》等章的作者而外，要算杜甫为最早，白居易为最著。

杜甫的诗，除了上面所引的"朱门酒肉臭，路有冻死骨"而外，再有最著名的《三吏》、《三别》，描写军阀战争时平民所受的痛苦，及差役强拉人民当兵的横暴，我们凡是读过这六首诗的人，没有不承认杜甫是个善于描写黑暗势力的诗人。读者不信，试看他的《石壕吏》。

暮投石壕村，有吏夜捉人。老翁逾墙走，老妇出门看。吏呼一何怒！妇啼一何苦！听妇前致词：三男邺城戍。一男附书至，二男新战死。存者且偷生，死者长已矣！室中更无人，惟有乳下孙。有孙母未去，出入无完裙。老妪力虽衰，请从吏夜归。急应河阳役，犹得备晨炊。夜久语声绝，如闻泣幽咽。天明登前途，独与老翁别。

白居易的声名，乃就比杜甫更大了。今日讲文学的人，大家都说他是个社会诗人。的确，白居易对于社会问题的诗，比杜甫作得更多，当然，对于社会的贡献，比杜甫更大。他的著名的《秦中吟》和《新乐府》，也人人知道，只看《秦中吟》里面的《卖花》一首，就可例推其他。

帝城春欲暮，喧喧车马度。共道牡丹时，相随买花去。贵贱无常价，酬直看花数。灼灼百朵红，戋戋五束素。上张幄幕庇，旁织篱笆护。水洒复泥封，移来色如故。家家习为俗，人人迷不悟。有一田舍翁，偶来买花处；低头独长叹，此叹无人喻。一丛深色花，十户中人赋。

杜甫所描写的，不过是政府对于人民苛征重敛，逼迫人民当兵的一些事，白居易所写的，除了这些以外，再注意到社会上奢侈的风俗，及迷信的习惯等等。范围比较的更宽了。而且他还有一首《妇人苦》，所说的是寡妇守节的问题，为当时人所不能说所不敢说的话。那诗道：

蝉鬓加意梳，蛾眉用心扫。几度晓妆成，君看不言好。妾身重同穴，君意轻偕老。惆怅去年来，心知未能道。今朝一开口，语少意何深！愿引他时事，移君此日心。人言夫妇亲，义合如一身。及至死生际，何曾苦乐均？妇人一丧夫，终身守孤子。有如林中竹，忽被风吹折。一折不重生，枯死犹抱节。男儿若丧妇，能不暂伤情！应似门前柳，逢春易发荣。风吹一枝折，还有一枝生。为君委曲言，愿君再三听。须知妇人苦，从此莫相轻。

唐以后的诗人，更是常有这一类的诗，其中描写得最痛切的，如元人李思衍的《鬻孙谣》云：

白头老翁发垂领，牵孙与客摩孙顶。"翁年八十死无恤，怜汝孩童困饥馑。去年虽旱犹禾熟，今年飞霜先杀菽。去年饥馑犹一粥，今年饥馑无余粟。"客谢老翁将孙去，泪下如丝不能语。零丁老病惟一身，独卧茅檐夜深雨。梦回犹是误呼孙，县吏催租正打门。

他们这些诗人，专作这样的诗，无非是看见社会上种种不平的事，禁不住要大声疾呼起来，博取多数被压迫者的同情，为革命的先导。

照此看来，诗人生活的全部，虽不是革命生活，而诗人生活的一部分，确是革命生活。他们虽不能上火线上去，和敌人拼个生死，但是他们的诗句，就是革命军的标语和口号，或有力的宣传品。有人说"诗人就是革命者"，我以为有些错。也有人以为"诗人和革命毫无关系"，也是错了。须知革命性是诗人性情的一部分，而不是全体。

我再要说一句：因为诗是建筑在情感上，诗人是富于情感的，诗人的生活是情感的生活，所以他的革命性，也是受情感的冲动，而不听理知的命令。他们破坏的能力非常的大，而建设的能力却一点也没有。因为诗人的生活，是不规则的，不是机械的，若谈到建设，就不能不照着预定的规则做，不得不过一点机械的生活，这种生活，是所谓诗人所不能忍耐的。

所以革命二字，若单指破坏而言，诗人就是革命者；若革命二字，兼指破坏与建设而言，只可说"诗人有革命性"，不能说"诗人即革命者"。

十　诗人的爱国心

　　和富于革命性一样，诗人的爱国心也非常的热烈。因为一个国家好好的被外来的民族所侵略，这自然是一件可耻可痛的事。诗人既然是富于情感的人，他对于这种侵略，当然是要起来反抗。虽然是无拳，无勇，不能抵抗他人的武力，但是，把反抗的精神，充分的拿诗发表出来，也可以替弱小可怜的民族吐一口气。中国人被外族大规模的侵略，可说是从东晋开始，以后南宋的金人、蒙古人，明末的满洲人，侵略得更利害。不过，在东晋、南北朝时，这样反抗侵略的诗人，倒似乎没有；若南宋时就多了。如陆游、谢翱、郑思肖等人，都是，而陆游尤为著名。近世有人称赞他为"亘古男儿一放翁"，就是因为他有许多反抗外族侵略的诗。例如《长歌行》云：

　　　　人生不作安期生，醉入东海骑长鲸。犹当出作李西平，手枭逆贼清旧京。金印煌煌未入手，白发种种来无情。成都古寺卧秋晚，落日偏傍僧窗明。岂其马上破贼手，哦诗长作寒螿鸣？兴来买尽市桥酒，大车磊落堆长瓶。哀丝豪竹助剧饮，如巨野受黄河倾。平时一滴不入口，意气顿使千人惊。国仇未报壮士老，匣中宝剑夜有声。何当凯旋宴将士，三更雪压飞狐城！

他这首诗，多少慷慨激昂！他虽然不曾亲自带兵出马，去和金人打仗，但是就诗论诗，不能不说他是个爱国的诗人。他又有一首《关山月》云：

和戎诏下十五年，将军不战空临边。朱门沉沉按歌舞，厩马肥死弓断弦。戍楼刁斗催落月，二十从军今白发。笛里谁知壮士心，沙头空照征人骨。中原干戈古亦闻，岂有逆胡传子孙！遗民忍死望恢复，几处今宵垂泪痕。

这种充满爱国心反抗外族的诗，在当时候，对于自己的国家，当然没有显著的效果，但是，无形之中，不能说他毫无效力。

就拿明朝说罢。明朝在亡国之后，东南半壁，屡起义师，前仆，后继，断脰折颐而不悔；当时爱国的诗歌，未尝没有鼓吹的效力。就是后来，国亡了，在康熙、乾隆时，还屡次发生文字狱，这些事，在当时候虽看不出甚效果，但是早已种了辛亥革命的远因。就说"诗人爱国之心，历千秋而不灭"，亦不为过。

诗人的爱国心，并不是研究过民族主义而产生的，而在宋末、明末，也没有民族主义的学说供他们研究，而且他的爱国二字的界说，也和民族主义不能完全相同，总之，他们的爱国心，是直接的被情感的冲动。

人们的情感到极强烈时，可以一切不顾，可以牺牲一切，甚至于牺牲生命。为一个女子而死，为社会而死，为祖国而死，在一般的人较量起来，自然有泰山鸿毛之别，但是在诗人眼里看起来，都是一样。

唐末有个诗人，名叫周朴，流寓闽中，适遇着黄巢造反，周朴被黄巢所掳，黄巢问他说："能从我么?"周朴说："我尚不仕天子，安能从贼?"当然，黄巢大怒，立刻把他杀了。我想：周朴不从黄巢而被杀，正和文天祥被元兵所执，不屈而死，是一样。

诗人天天在情感中讨生活，"世间只有情不死"，这句话如果不错，那么，诗人的心，也是不死的，诗人的心寄在作品中，所以诗人的作品也是不死的。

十一　诗人与酒

　　我们说诗人的情感，要连带说到酒了。外国的诗人，我不十分知道，不知他们是不是喜欢喝白兰地、葡萄酒。若说到中国的诗人，十个就有八个喜欢喝酒，旁的人不必说，单说陶渊明和李太白罢。他们二人，就是天天在酒中讨生活。陶渊明的《饮酒》诗，一作便是二十首，他在他《饮酒》诗的小序里说：

　　　　余闲居寡欢，兼比夜已长，偶有名酒，无夕不饮。顾影独尽，忽焉复醉。

　　只此寥寥数十字[①]，已写尽他沉湎于酒的生活。《饮酒》诗二十首中的一首道：

---

① 编者按：此处所引为二十六字。

有客常同止，取舍邈异境。一士长独醉，一夫终年醒。醒醉还相笑，发言各不领。规规一何愚，兀傲差若颖。寄言酣中客，日没烛可炳。

这首诗里的话，有"一醉之后，万事不管"的意思。《饮酒》诗的又一首道：

故人赏我趣，挈壶相与至。班荆坐松下，数斟已复醉。父老杂乱言，觞酌失行次。不觉知有我，安知物为贵。悠悠迷所留，酒中有深味。

我们读这一首诗，可以知道他是要借酒助兴了。
李太白的诗中说到饮酒处，比陶渊明更多。如云：

处世若大梦，胡为劳其生？所以终日醉，颓然卧前楹。觉来盼庭前，一鸟花间鸣。借问此何时，春风语流莺。感之欲叹息，对酒还自倾。浩歌待明月，曲尽已忘情。

这首诗，也有"一醉之后，万事不管"的意思。如云：

划却君山好，平铺湘水流。巴陵无限酒，醉杀洞庭秋。

这又是要借酒助兴了。

诗人喜欢喝酒，大概不出这两个原因；而这两个原因，前一个是消极的，后一个是积极的。

　　诗人为甚么要这样的"一醉不管万事"呢？这却不是诗人本来的志愿，乃是后来的变态。因为诗人富于革命性，对于眼前的政教、风俗，都有不满意处，要想起来改革；但是只好发言而无实力，且只凭偶然的冲动而没有根本的计划，更只凭一时的意气而没有持久的毅力，一百个之中就有九十九个是失败的，失败以后，再看看世事，实在看不过，而当年的勇气又已消磨殆尽，更无反抗的余力，只好闭着眼睛不看，万事付之一醉就完了。古人诗道："事大如天醉亦休"，就是这个意思。这是诗人和酒发生关系的第一个原因。

　　诗人为甚么要"借酒助兴"呢？这却是诗人本来的志愿。因为诗的自身是含有刺激性，酒也是含有刺激的，诗人又是富于情感的人，情感越是受刺激，越愈发生，越是受刺激，越是强烈，根据这个理由，酒和诗不但有相同之点，而且喝了酒可以帮助作诗，就说不能帮作诗，也能鼓起他们的兴致，使已经颓丧了的精神暂时振作；至于每醉一次，则酒量深一次，刺激力弱一次，精神衰一次，他们都不管了，他们只图眼前的兴致。这是诗人和酒发生关系的第二个原因。

　　人家都知道，诗人多喜欢喝酒，因此有一般人，把酒当著一件很好的东西；又有一般人说：酒是有害无益物，同鸦片烟差不多，喜欢喝酒的人，都无足道，因为诗人喜欢喝酒，所以诗人也无足道。

这两种人的说法，虽然都有片面的是处，但是终不曾知道诗人和酒发生关系的原因，尤不曾知道诗人和酒的关系是根据诗和酒的本身而发生的，我们无法使他们不发生关系。恭维他们说："古来圣贤皆寂寞，唯有饮者留其名"，固然太过，骂诗人是"颓废"，也未免冤枉了。

十二　诗人与恋爱（一）

　　说到诗人与恋爱，话就多了。用诗歌为男女爱情的媒介，就是诗歌产生的原因之一。（参看拙作《诗歌学ABC》。）而且由这个原因所产生的诗的数量，比其他为更多。

　　性的问题，是人人免不了的，而诗又与恋爱有极大的关系，因此，情人同诗人，也就分不清楚。旁的人且慢说，先说流传于广东、云南一带的刘三妹与白鹤秀才的故事。

　　刘三妹与白鹤秀才，是甚么时候的人？不能知道；是甚么地的人，也不能确切知道，大约总是广东、广西一带地方的人。清人笔记、诗话，多有记他们的事，各家之说，不无大同小异，这里照录陆次云的《峒溪纤志志余》一则如下：

　　　　诸溪峒初不知歌，善歌，自刘三妹始也。三妹不知何时人，游戏得道，于山谷侏㒖之音，所过无不通晓，皆依其声，就其韵，而作歌与之，以为偕婚跳月之辞。其人各奉之以为式。苗歌有云："读诗便是刘三妹"，则非惟歌之，而且读之，以为识字通文之藉矣。其时有白鹤秀才者，亦善歌。与三妹登粤西七星岩绝顶，相唱酬，音如鸾凤，听之者数千人，皆忘返。留连往复，已而声寂然，见两人亭亭相对，则已化为石矣。至今月白风清之夜，犹隐隐闻玲珑宛转之音。诸苗、猺、狼、獞之属，遂祀刘于洞中勿替。后有作歌者，必先陈祀于刘，始得传唱。其南山之南，别有刘三妹洞，闻游人遥呼三妹，妹辄应云。

这一段记载，中间当然夹杂了不少的神话。如云："两人亭亭相对，则已化为石"，是不可能的事。但是二人因歌而死，因情而死，当有此事。化石之说，乃后人所附会了。至于说"至今月白风清之夜，犹隐隐闻玲珑宛转之音"，又说"游人遥呼三妹，妹辄应"，又是附会之附会了。然而刘三妹与白鹤秀才唱歌酬答，为情而死，应有此事。

陆次云又说："三妹于山谷侏儵之音，所过无不通晓，皆依其声，就其韵，而作歌与之，以为佁婚跳月之辞"，可见苗人佁婚跳月之辞，多为刘三妹所授。如今再看苗人跳月之俗是如何？陆次云的《跳月记》，描写得有声，有色，我们读了这文，好如亲在山谷间，看见他们在那里酬歌，狂舞。陆氏的原文道：

苗人之婚礼，曰"跳月"。跳月者，及春时而跳舞求偶也。……其父母各率子女，择佳地而为跳月之会。父母群处于平原之上，子与子左，女与女右，分列于广隰之下。原之上，相谯乐，烧生兽而啖焉，操匕不以箸也；漉哂酒而饮焉，吸管不以杯也。原之下，男则椎髻当前，缠以苗帨，袄不迨腰，裈不迨膝，裈袄之际，锦带束焉。植鸡羽于髻巅，飘飘然当风而颤。执芦笙，笙六管，长二尺，盖有六律，无六同者焉。女亦植鸡羽于髻如男，尺簪寸环，衫襟袖领，悉锦为缘。其锦藻绘逊中国，而古纹异致，无近态焉。联珠以为缨，珠累累扰两鬟；缀贝以为络，贝摇摇翻两肩。裙细褶如蝶版，男反裈不裙，女反裙不裈，裙衫之际，亦锦带束焉。执绣笼，编竹为之，饰以绘，即彩球是焉。而妍与媸杂然于其中矣。女执笼未歌也，原上者，语之歌而无不歌；男执笙未吹也，原上者，语以吹而无不吹。其歌哀艳，每尽一韵三叠，曼音以缭绕之，而笙节参差，与为缥缈而相赴，吹且歌，手则翔矣，足则扬矣，膝转肢回，首旋神荡矣。初则欲接还离，少且酣飞畅舞，交驰迅逐矣。是时也，有男近女而女去之者，有女近男而男去之者，有数女争近一男而男不知所择者，有数男竞趋一女而女不知所避者，有相近复相舍、相舍复相盼者。目许心成，笼来笙往，忽然挽结，于是妍者负妍者，媸者负媸者，媸与媸不为人负，不得已而后相负者，媸复见媸终无所负，涕湨以归，羞愧于得负者。彼负而去矣，渡涧越溪，选幽而合，解锦带而互系焉。相携以还于跳月之所，各随父母以返，返而后议聘。……

这一篇《跳月记》，可算是描写得淋漓尽致，但是他们跳月时所唱的歌词是怎样却没有说起，大约是非经翻译不能解的缘故。

今另据《渔洋诗话》抄录苗歌一首如下：

> 金龙妹，日夜思妹路难通。寄歌又没亲人送，寄书又怕人开封。

又据《粤风》录《猺歌》二首如下：

> 邓娘同行江边路，却滴江水上娘身。滴水上身娘未怪，要凭江水做媒人。

按："邓"字译言"与"，或直接写作"与"字。"娘"，是指"情女"。

> 三表读书治天地，三妹唱价博少年。黄蜂细小蜇人痛，油麻细小炒仁香，鸭儿细小著水面，表因细小爱怜娘。

按："表"，译言"兄"。"价"，译言"歌"。"博"，是引动的意思。

"三妹"，疑即上文所述刘三妹。"娘"，是指"情女"。

这一类的歌还多，今只录三首，以见一斑。这些歌是不是苗人跳月所唱的歌？也不知道，大约总相去不远罢。

这种以唱歌求偶的习惯，不但苗人，汉人也是有的。如三百篇中的《采兰》、《赠药》之类，就是男女相悦的情诗。就是"关关雎鸠"，也是求偶的诗，不过加了一层礼教的色彩罢了。

汉人的婚姻制度，在周以前，无从考了；在周以后，受了礼教的束缚，就变为"父母之命，媒妁之言"的婚姻；但是以唱歌求偶的遗俗，在南方还是有的。试看清人李调元记广东的风俗，就可以知道。他的《南越笔记》里有一条道：

粤俗好歌，凡有吉庆，必唱歌以为欢乐。以不露题中一字，语多双关，而中有挂折者为善。挂折者，挂一人名于中，字相连而意不相连者也。其歌也，辞不必全雅，平仄不必全叶，以俚言、土音衬贴之，唱一句，或延半刻，曼节，长声，自回，自复，不肯一往而尽。辞必极其艳，情必极其至，使人喜悦悲酸，而不能已已。此其为善之大端也。故尝有歌试，以第高下，高者受上赏，号为"歌伯"。

其娶妇而亲迎者，婿必多求数人与己年貌相若，而才思敏给者，使为伴郎。女家索"拦门诗歌"，婿或捉笔为之，或使伴郎代草，或文，或不文，总以信口而成，才华斐美者为贵。至女家不能酬和，女乃出阁。此即唐人

"催妆"之作也。

> 先一夕，男女家行醮，亲友与席者或皆唱歌，名曰"坐歌堂"。酒罢，则亲戚之尊贵者，亲送新郎入房，名曰"送花"，花必以多子者，亦复唱歌。自后连席亲友来索糖梅啖食者，名曰"打糖梅"，一皆唱歌。歌美者，得糖梅益多矣。

这一条笔记，原来是很长的，上面所录的三节，还不是全文；然我们这里所需要的部分，已经有了。上文第一节说粤歌的体裁。第二节说：新郎迎娶新妇必须唱歌，至女家不能答，女始出阁，差不多和苗人跳月用意是一样，不过他们的婚礼加了些别的繁文缛节，不及苗人的简单。第三节说亲友的唱歌，乃又是一种变化，由男女本身，推广到亲友去了。李调元是前清中叶时人，他所记的风俗，到今日还存在不存在，虽不能确知，但是据我说来，在交通便利的地方，或者是已经改变了，在偏僻的地方，想还是保存着的。据我所知，在民国十一年十二年间，浙江地方还有女子实行用作诗选婿的，由女子出了题目，听未婚的男子们自由作诗，女子细细选择，选中了，就嫁他。我想这种选婿法，并非这女子独创的，当是古代有这种风俗，这不过是古俗的遗留罢了，并不是新法。

总之，诗歌确是求偶的媒介，而诗人和恋爱有密切的关系。我们已经知道，民间的风俗是如此了，再看所谓诗人的诗集，几乎没有一个没恋爱诗，不过，除了少数的闺词是恋妻而外，其他大都是恋妓女，恋姬妾，恋女伶，以至于恋尼姑的诗。

今略集这一类的故实如下，以见诗人的生活，多半是恋爱的生活。

十三　诗人与恋爱（二）

《本事诗》载顾况事云：

> 顾况在洛，乘间与三诗友游于苑中，坐流水上，得大梧叶题诗上曰："一入深宫里，年年不见春；聊题一片叶，寄与有情人。"况明日于上游，亦题叶上，放于波中，诗曰："花落深宫莺亦悲，上阳宫女断肠时；帝城不禁东流水，叶上题诗欲寄谁？"后十余日，有人于苑中寻春，又于叶上得诗，以示况，诗曰："一叶题诗出禁城，谁人酬和独含情？自嗟不及波中叶，荡漾乘春取次行。"

《本事诗》记顾况和那宫女的恋爱关系，至此便结束了，没有下文。然宫女题诗与顾况酬和，寥寥百数十字，已可看得出诗人和恋爱的关系，已可看得出诗人恋爱的生活。

这件故事，起初，是顾况在水面上拾得一片梧叶，叶上题了一首诗，是宫女的口吻，在一般人看来，一定还要审察一下，这首诗真的是宫女作的么？还是好事者假托宫女的口吻作这首诗以骗人么？就说真是宫女作的，他作他的诗，管我甚么事，况且宫廷中事，尤不是好惹的，要理他做甚么事！然而顾况却不是如此。他一见这诗，毫不疑虑的承认真是宫女作的，他情不自禁的不顾一切，提起笔来，就写一首诗在叶上，放于上流，希望万一能彀流入宫中，万一能彀被该宫女拾得，万一能彀博得到他的同情。

果然他如愿以偿了。不到几日，果然又有人拾到一首诗来送与顾况，说是该宫女作的。其实，这首诗也有可疑的地方，安知不是拾诗的人假造出来骗顾况的么？

究竟这两首诗是真，是假，至今日仍不明白；但是在顾况当时，都认以为真，历来称道这件故事、艳羡这段故事的诗人，也都信以为真。这就是诗人之所以为诗人了。

《本事诗》记刘禹锡的故事云：

> 刘尚书禹锡，罢和州，为主客郎中、集贤学士。李司空罢镇在京，慕刘名，尝邀至第中，厚设饮馔，酒酣，命妙妓歌以送之。刘于席上赋诗曰："鬖鬖梳头宫样妆，春风一曲杜韦娘。司空见惯浑闲事，断尽江南刺史肠。"李因以妓赠之。

这一段恋爱故事，可表明两个人的生活：刘禹锡的生活是浪漫生活，李司空的生活是豪奢生活。

《本事诗》又记崔护事云：

　　博陵崔护，姿质甚美，而孤洁寡合。举进士下第，清明日，独游都城南，得居人庄。一亩之宫，而花木丛萃，寂若无人。扣门久之，有女子自门隙窥之，问曰："谁耶？"以姓字对，曰："寻春独行，酒渴求饮。"女入，以杯水至，开门，设床命坐。独倚小桃斜柯伫立，而意属殊厚。妖姿媚态，绰有余妍。崔以言挑之，不对，目注者久之。崔辞去，送至门，如不胜情而入。崔亦睠盼而归。嗣后绝不复至。及来岁清明日，忽思之，情不可抑，径往寻之。门墙如故，而已锁扃之。因题诗于左扉曰："去年今日此门中，人面桃花相映红。人面只今何处去，桃花依旧笑春风。"后数日，偶至都城南，复往寻之，闻其中有哭声，扣门问之，有老父出曰："君非崔护邪？"曰："是也。"又哭曰："君杀吾女。"护惊起，莫知所答。老父曰："吾女笄年知书，未适人，自去年以来，常恍惚若有所失。比日与之出，及归，见左扉有字，读之，入门而病，遂绝食数日而死。吾老矣，此女所以不嫁者，将求君子以托吾身，今不幸而殒，得非君杀之耶？"又特大哭。崔亦感恸，请入哭之。尚俨然在床。崔举其首，枕其股，哭而祝曰："某在斯，某在斯。"须臾开目，半日复活矣。父大喜，遂以女归之。

这是一出诗人恋爱的喜剧。如今再述一出悲剧。

《全唐诗话》记欧阳詹事云：

> 詹游太原，悦一妓，将别，约至都相迎。故有"早晚期相亲"之句。①妓思之不已，得疾，且甚，乃刃其髻，藏之，谓女弟曰："欧阳生至，可以为信。"又作诗曰："自从别后减容光，半是思郎半恨郎。欲识旧来云髻样，为奴开取缕金箱。"绝笔而逝。及詹至，如其言示之。詹启函，一恸而卒。

这出悲剧，何等的可悲！下文再述一出趣剧。

《全唐诗话》记罗隐事云：

> 隐，字昭谏……为唐相郑畋、李蔚所知。畋女览隐诗，讽诵不已，畋疑有慕才意。隐貌寝陋，女一日帘窥之，自此绝不咏其诗。

又云：

> 钟陵妓云英，隐旧见之。一日，讥隐犹未第，隐嘲

---

① 编者按：欧阳詹《途中寄太原所思》诗有句云："流萍与匏系，早晚期相亲。"

之曰："钟陵醉别十余春，重见云英掌上身；我未成名君未嫁，可能俱是不如人?"

罗隐诗才未尝不好，怎那所遇的两个女子：一个嫌他没有貌，一个嫌他未成名。如此说来，诗人的遇合，也有幸有不幸，岂非是罗隐的命太坏？或者罗隐的貌过于寝陋，故为郑畋女所不取。总之，是一出趣剧罢了。

古今诗话笔记中记载诗人恋爱的事，不知多少，录不胜录；然他们所演的，大概不外乎喜剧、悲剧及趣剧。我们上面所举的几个故事，已可代表一切的诗人恋爱生活，其他不必一一细述。总之，诗人的恋爱生活，是颠倒于悲欢离合、笑啼歌哭之中。

十四　诗人与恋爱（三）

诗人与恋爱，有这样大的关系，惟一的原因，就是因为诗的本身的一部分，就是恋爱。汗牛充栋的旧诗集中，有多少是"香奁诗"？有多少是"疑雨体"？图案画簿面装订精美的新诗集，有多少是情歌，是"爱之曲"？恍惚有人觉得有些可厌了。其实，这是免不了的现象，我们除非根本不承认诗，如要承认诗，那么，恋爱就是诗歌产生的原因之一种。

我们只能说有大多数是不好的诗，有许多是假诗，所谓不好，所谓假，就是没有真情，不是真的恋爱。我当然不要扫除不好的诗和假诗，不能说诗歌和恋爱无关系。

诗人的生活，常常因为恋爱的关系，而颠倒于悲欢离合、笑啼歌哭之中，在科举家或哲学家冷静的眼光看起来，实在是可以发笑。但是，照文学说起来，这就是文学的本身，这就是诗人的生活。

我们人类的理知程度，是一天天增高，理知和情感是相反的，理知程度增高一分，情感的程度就要减低一分。这是可以小孩子和成人比较证明的。小孩子情感强，理知程度低，所以易喜，易怒，而喜怒都是真情；成人却不然，不易喜，不易怒，而又有假喜，假怒。所以小孩子的一举，一动，一言，一语，都是天真；而成人就有矫揉造作了。

这又可以未开化的野人和已开化的人比较证明，情形也是和上文所说的是一样。所以小孩子的歌哭，都是天真，而未开化的人民的歌谣，往往非我们所能及。

照此说来，人要诗作得好，当要保存他小孩子的天性和未开化人民的天性。诗人虽然是成人了，虽生在繁复的社会中，但是诗人的生活，仍须过着小孩子的生活，及未开化的人民的生活。李太白的诗：

> 小时不识月，呼作白玉盘。

又有某人的诗：

> 青灯有味似儿时。

这都是诗人恋恋儿童生活的自述。又如中国的诗人多喜欢说"太古"，多喜欢说"羲皇以上"，陶渊明高卧北窗，自比羲皇以上人；又某人的诗：

> 山静似太古。

就都是诗人自述恋恋未开化时代的生活了。

十五　诗人与痴人

　　所谓诗人，无不自命为聪明人，甚么"文人慧业"，甚么"文心"，甚么"妙手"，都是诗人自己称赞自己的话。但是，在一般的人的眼里看起来，诗人不但不特别的聪明，而且特别的不聪明。换一句话说，就是痴人。为甚么说诗人就是痴人呢？请读他们的诗，就可以知道。唐朝刘禹锡的《乌衣巷》诗云：

　　　　朱雀桥边野草花，乌衣巷口夕阳斜；旧时王谢堂前燕，飞入寻常百姓家。

　　试问燕子的寿命，有多少长？东晋时的燕子，无论如何，活不到唐朝，他偏要说"旧时王谢堂前的燕子，飞入寻常百姓的家里"。无论燕子的寿命有没有这样长，就是他刘禹锡所看见的几只燕，又何以证明他们是当年王谢堂前的燕子？这样说来，刘禹锡的诗，岂不是等于痴人说的话？又如唐人无名氏的诗云：

> 近寒食雨草萋萋，著麦苗风柳映堤。早是有家归未得，杜鹃休向耳边啼！

这首诗的末句，是叫杜鹃不要在他耳边啼。难道杜鹃也曾读书，识字，懂得作诗么？杜鹃既不曾读书、识字，不曾懂得作诗，那么，他对杜鹃说话，岂不是发痴？

况且诗人的痴，还不止此。寻常人以为是的，他偏以为不是；寻常人以为好的，他偏以为不好；寻常人不喜欢作的事，他偏要作；寻常人不喜欢去的地方，他偏要去。诸如此类，无非表明他的性情与常人相反。在常人眼里看起来，实在是痴人。今更说几个类似痴人的故事如下：

> （唐）球，居蜀之味江山，方外之士也。为诗，撚稿为圆，纳之大瓢中。后卧病，投瓢于江，曰："斯文苟不沉没，得者方知吾苦心尔。"至新渠，有识者曰："唐山人瓢也。"接得之，十才二三。（见《全唐诗话》。）
>
> （周）朴，唐末诗人……尝野逢一负薪者，忽持之，且厉声曰："我得之矣。"樵夫矍然惊骇，掣臂弃薪而走。遇巡徼卒，疑樵者为偷儿，执而讯之。朴徐往告卒曰："适见负薪，因得句耳。"卒乃释之。其句云："子孙何处闲为客，松柏被人伐作薪。"

彼有一士人，以朴僻于诗句，欲戏之。一日，跨驴于路，遇朴在傍，士人乃欹帽掩头，吟朴诗云："禹力不到处，河声流向东。"朴闻之，忽遽随其后，且行。士但促驴而去，略不回首，行数里，追及，朴告之曰："仆诗河声流向西，何得言流向东？"士人颔之而已。闽中传以为笑。(皆见《全唐诗话》。)

这两个人的行为，在一般人看起来，呆头呆脑，真是所谓"书呆子"，却不知这正是诗人生活。凡是作诗的人，都有几分呆气。大概人情世故懂得多一点，呆气就少一点，作诗时呆，不作诗时不呆；人情世故全不懂的，呆气就更深，永远过他的诗人生活，就永远过他的痴人生活。

十六　诗人与狂人

　　诗人不但是痴人，而且是狂人。诗人之所以为狂人，可从下面各诗中看出来。其一，他们把宇宙看得极小，如李太白的诗云：

　　　　安得倚天剑，跨海斩长鲸。

又他的《下江陵》诗云：

　　　　朝辞白帝彩云间，千里江陵一日还；两岸猿声啼不住，轻舟已过万重山。

又如清人的诗云：

　　　　二三星斗胸前落，十万峰峦脚底青。

是何等的说大话！这种话，只有狂人能说。至于

　　朝游碧海暮苍梧，袖里龙泉胆气粗；三过岳阳人不识，朗吟飞过洞庭湖。①

那是所谓吕祖的诗，他是神仙，作这样的诗，真是常事，更不足为异了。

其二，是他们把古今看得甚暂。如李太白的诗：

　　高堂明镜悲白发，朝如青丝暮成雪。

又如他的《梦游天姥》诗结句云：

　　世间行乐亦如此，古来万事东流水。别君去兮何时还？且放白鹿青崖间，须行郎骑访名山。安能摧眉折腰事权贵，使我不得开心颜！

都是把时间看得极其短促的。实在的时间，虽不能说是如何长，然终不能如他说得这样短促。

其三，是把任便甚么事看得极容易。如李顾的诗云：

────────

① 编者按：据《六十种曲·邯郸记》，"碧海"作"碧落"，第二句作"袖有青蛇胆气粗"。

心轻万事如鸿毛。

这一句话就说完了。所以唐人有"一箭取辽城"的话。"一箭取辽城"，未免说得太容易了。李太白也说：

感君恩重许君命，泰山一掷轻鸿毛。

李太白固然是任侠，好义，然这样的话，究竟是狂人的口吻，而在事实上是不容易办到的。然而作诗的人，总喜欢如此作。所以唐人的诗说：

酒肠宽似海，诗胆大于天。

原来作诗也要有诗胆，倘然胆小如鼠，那也决作不成诗。

诗人喜说狂人的话，他自己就是狂人，所以又常常演出狂人的事来。如李太白，传说是在采石矶堕江而死的。因为他喝醉了酒，向水中捉月，就堕入江里去了。这话虽然是传说如此，但是和李太白平时为人很相像，当非毫无根据。

在清初时，也有一个"具体而微"的李太白，其事见于《渔洋诗话》。原文云：

李东白，京山人，工诗，隐于衣工。李本宁尚书兄弟皆与之游。《登黄鹤楼》云："鄂渚荻花沿岸白，汉阳枫树隔江红。"后舟过云梦，哦诗船头，一笑赴水死。①

这个人的诗才，当然不如李太白，但他的狂态，可说和李太白相似。"具体而微"四字，《渔洋诗话》原文没有，乃是我下的评语，大约不至于十分不当罢。

以外再有一种有所激而然的，虽然也是狂，却又当别论了。如下面所述的雪庵和尚，便是。清初人的《哀恨集》，记雪庵和尚时事云：

> 雪庵和尚，不知何人也，靖难时，往来黔中，日买《楚骚》，乘小艇于中流读之，读一叶，则沈一叶。读毕，大叫恸哭。后卒，发其笥，止《百将传》一部，《大学衍义》一部，不知欲何为也。尝题诗云："年方十五去游方，终日修身学道忙；说我平生辛苦事，石人应下泪千行。"又云："看了青灯梦不成，东风浓雪落寒声；半生禅客无穷恨，告诉梅花说到明。"

这人虽然也是狂，但是他是受着极大的刺激才如此的，所以狂之中充满着沈痛，我们又当别论了。

---

① 编者按：李维桢（字本宁）卒于天启六年，而王士禛《香祖笔记》卷三云"明诗诸选……不及东白，因著之"，则李东白似主要生活于明末。

十七 诗人的主观

诗人的生活，既如上文所述，我们读了上文各节，不问而知，诗人的主观是极强烈的。我们这里再引实事来说明诗人的主观。

这里不是谈哲学，但是要借用哲学上的两个名词，就是"唯心"与"唯物"。倘然用哲学的名词来评论诗人，那么，诗人可算是唯心论者。不过，诗人并不主张甚么论，他们也不知道甚么论，只是从我们旁人的眼里看起来，他好像是个唯心论者。他们的唯心论，并没有说出来，只是从他们诗里表现出来。

因为诗人对于任何事，任何物，都是自己心里以为他怎样，就说他怎样，并不管和实事、实物对不对。譬如唐人张继最著名的《枫桥夜泊》诗罢，他自己心里以为夜半宜有钟声，他就说：

夜半钟声到客船。

实际上夜半有没有钟声？他全不管。而且在他看来，这是不成问题的。到了宋朝，就有人发生疑问了。或说夜半有钟声，或说夜半无钟声，纷纷聚讼，必欲以事实证明；然在其能领会此诗的人看来，只是付之一笑，同声说：只要诗作得好，夜半有没有钟声，真不成问题。

又如《楚辞》中的

    餐秋菊之落英。

本是屈原乘兴而说的话，并不是真要餐菊，更何问菊英落不落？乃宋人不知此理，又纷纷争论，有的说菊花不落，有的又说有别种落英的菊，后来又有人说，"落"字作"始"字解，"落英"解作"初开的花"；其实，作诗的人是唯心，读诗的人是唯物，以唯物的眼光，去读唯心的诗，无怪他们愈读愈不通了。

说到菊花，我就再拿菊花来说一说。因为同一菊花，两个诗人就有两样的看法，三个诗人就有三样的看法，以至四个，五个，无不如是。

李清照的词云：

    帘卷西风，人比黄花瘦。

他把菊花看成一个迟暮的美人。

苏东坡的诗云：

> 菊残犹有傲霜枝。

他把菊花看成一个倔强不屈的高士。

郑所南的诗云：

> 宁可枝头抱香死，不曾吹落北风中。

他又把菊花看成一个节士。

明太祖或黄巢的诗云：（此诗见于明人诗话，说是明太祖的诗，又见于《全唐诗》，说是黄巢的诗。究竟不知谁是。）

> 挤与西风战一场，满身穿就黄金甲。[①]

他又把菊花看成一个英雄好汉。

到底菊花是美人？是高士？是节士？是英雄好汉？他们四个人的话，那个说得顶对？我们读诗人，却很难回答。我们只知道就诗论诗，四个人的诗，都是好的。我们也觉得："人比黄花瘦"，一定要是李清照作，才算好，倘然是明太祖

[①] 编者按：据《全唐诗》，黄巢《不第后赋菊》云："待到秋来九月八，我花开后百花杀。 冲天香阵透长安，满城尽带黄金甲。"据《学海类编》本顾元庆《夷白斋诗话》，朱元璋《咏菊诗》云："百花发时我不发，我若发时都骇杀。要与西风战一场，遍身穿就黄金甲。"

或黄巢作的，便不好了。反转来说，"满身穿就黄金甲"，也是如此。其他两诗，也是如此，不能互易的。

此外再有一个笑话，是不是出在宋人的诗话，我记不清了。现在不必说明他的出处，只说一说这个笑话的大概。

宋人有诗云：

　　黄梅时节家家雨。

同时又有人有诗云：

　　梅子黄时日日晴。

有人读了这两句诗，觉得两个人的话极端相反，他以为总有一个说得对，一个说得不对，他就把这两句诗拿去问别人，那个人也取了现成的一句诗答道：

　　熟梅天气半阴晴。

问者仍不解，反觉得于二者之外，又多出一个问题来了。①

这个笑话，很可以表明诗人的主观；他自己以为怎样，

---

① 编者按：此段情节似见于近人徐珂《清稗类钞》所记桐城方、姚二人辩驳事，略有出入。此处三句诗，又见于清代尤侗《艮斋续说》及近人杨香池《偷闲庐诗话》。

就怎样说，不但是两人互相反对，就是自己也往往要前后矛盾。例如李白送人的诗前面云：

此地一为别，孤蓬万里征。

分明说是乘船。却是他在后面又说：

挥手自兹去，萧萧班马鸣。

又是骑马了。到底是乘船呢？还是骑马？照一般人说，是犯了自相矛盾的毛病。却是在诗人看来，毫不介意。只知我要如此说，便如此说。

因此，诗人诗中所说的境界，并不是实现的境界，乃是他心中所想像的境界。想像力愈强，诗也就愈好。于是诗人的生活，又往往变成做梦的生活。

十八　诗人的梦

　　说到诗人的梦，要分为两层来说。第一层，是诗人想像的境界，超出于实现的境界以外，这种境界，恍如梦境，所以诗人作诗，也往往托诸一梦。第二层，是诗人对于实现的境界，看得很不满意，有些厌倦，他们又把时间看得很短促，所谓"古今旦暮"，所谓"光阴弹指"，都是他们常说的话，因此，把人的一生，看成一场春梦，甚么功名富贵，甚么妻财子禄，都是梦中的幻境。

　　结果，是把实现的境界看成梦，把想像的梦境暂当作真。

　　把实现的境界看成梦，在他们的诗里，已充分的说明白了。如李太白的诗云：

　　　处世若大梦，胡为劳其生？

　　他的《春夜宴桃李园序》里又说：

浮生若梦，为欢几何！

都是说实现的境界，等于一场春梦。

同时，他的想象的境界，幻成他的梦，他又把梦境当作真境。如他的《梦游天姥》诗云：

……我欲因之梦吴越，一夜飞度镜湖月。湖月照我影，送我至剡溪。谢公宿处今尚在，渌水荡漾清猿啼。脚著谢公屐，身登青云梯。半壁见海日，空中闻天鸡。千岩万壑路不定，迷花倚石忽已暝。熊咆龙吟殷岩泉，慄深林兮惊层巅。云青青兮欲雨，水澹澹兮生烟。列缺霹雳，丘峦崩摧；洞天石扉，訇然中开。青冥浩荡不见底，日月照耀金银台。霓为衣兮风为马，云之君兮纷纷而来下，虎鼓瑟兮鸾回车，仙之人兮列如麻。忽魂悸以魄动，恍惊起而长嗟。惟觉时之枕席，失向来之烟霞。……

"日月照耀金银台"，"云之君兮纷纷而来下"，"仙之人兮列如麻"，这种神仙境界，是李太白平日所想像而不能实现的，但是他想像得深切了，就由想像幻成梦境。不过，是不能长久的，片刻之间，就要魂惊，魄动，使得他惊起长嗟。但是，仔细一想，梦境固不能久长，真境亦岂能久长？真与梦，原无分别，就把他当真境看，也无不可。所以他就接着说：

世间行乐亦如此。

他已把真和梦看成是一非二了。

梦虽有醒时，但醒了无妨重做。我们要到的地方，实现的身体不能到，但是在梦中可以到。所以张泌的诗说：

别梦依依到谢家，小廊回合曲栏斜。

我们要见的人，肉眼不能见，但是梦中可以相见。所以杜甫怀李白，就梦见李白，他《梦李白》的诗说道：

故人入我梦。

这也可见诗人是喜欢做梦的了。诗人既把梦看成真，所以有许多的诗人，可以说是在梦中讨生活。诗人又把真看成梦，在诗人也说，一般的人在梦中讨生活。总之，同是做梦，不过诗人的梦和常人的梦适相反对。

十九　诗人爱自然

　　诗人的生活，除了上文所述的以外，再有一事，就是他极爱自然。陶渊明丢了官回家来，他作的《归园田居》的诗，第一首道：

　　　　少无适俗韵，性本爱丘山。误落尘网中，一去三十年。羁鸟恋旧林，池鱼思故渊。开荒南野际，守拙归园田。方宅十余亩，草屋八九间。榆柳荫后檐，桃李罗堂前。暧暧远人村，依依墟里烟。狗吠深巷中，鸡鸣桑树巅。户庭无尘杂，虚室有余闲。久在樊笼里，复得反自然。

　　末两句以做官比方被拘在樊笼里，现在丢了官不做回家来，仍是返自然。可见诗人是怎样的爱自然了。

　　柳宗元的诗道：

久为簪组累，幸此南夷谪。闲依农圃邻，偶似山林客。

他的诗的大意，也和陶渊明是一样；不过他们的弃官，一个是自动，一个是被动罢了。柳宗元虽没有说出"自然"二字，但是他依农圃为邻，作山林之客，也就是接近自然。

今人对于诗人爱自然，多把"自然"二字误解了，以为诗人喜欢欣赏自然的景物。

不错，诗人固然也喜欢欣赏自然的景物，但"自然"二字所包涵的意义，不是如此之狭。

"自然"是对于"束缚"而言的。诗人不愿受一切的束缚，不受名利的束缚，不受礼教的束缚，不受宗教的束缚，一切自由，这就是诗人所爱的"自然"。诗人所爱的自然，决不是限定于自然的景物。

二十　总结

我们根据上文各节，把诗人的生活总结一笔账：

就是诗人的生活是讲情感的生活，重气节的生活，革命的生活，爱国的生活，恋爱的生活，饮酒的生活，做梦的生活，如痴人，如狂人，总之，以情感为出发点，以不受束缚为归宿。而他们作诗时，有的是乘兴而成，有的是苦吟而得，或速，或迟，或就，或不就，一任其自然。而在作诗时，只知有诗，不知其他一切。苏东坡有一首描写文与可画竹的诗，写得很好，我以为不但画家作画是如此，就是诗人作诗也是如此。我这里就把苏东坡的诗抄在下面，以作本书的结束。

与可画竹时，见竹不见人。岂独不见人，嗒然遗其身。其身与竹化，无穷出清新。庄周世无有，谁知此凝神！